U0029113

# 洞見趨勢

## 察覺別人忽略的細節，搶得先機，贏向未來

羅希特・巴加瓦（ROHIT BHARGAVA）
洞見趨勢公司（NON-OBVIOUS COMPANY）創辦人＋洞見趨勢總監

感謝我的雙親——
無論如何，總是給我機會用自己的角度看待世界。

CONTENTS

# 前言

二〇二〇年一月英文版《洞見趨勢》出版時可謂氣勢如虹，這本書在我生命中的重要性也同樣銳不可擋。它是一項長達十年系列叢書計畫的第十本，也是最後一本。自從二〇一〇年開始預測趨勢以來，每年我都在《洞見趨勢》系列上投注大量的時間與心力。

感謝龐大的讀者群、媒體的關注以及大眾對「未來」的興趣，一路陪伴《洞見趨勢》系列走到了第十年。本書一出版立刻受到矚目，登上《華爾街日報》暢銷書榜的第一名，很快的，全球巡迴演講的邀約也隨之而來，似乎所有人都想聽聽關於這十項趨勢的內容。

然而，也很快的，大流行疫情席捲全球。

各種演講活動紛紛取消，機場變成鬼城一樣罕無人煙，書籍銷售隨之停擺，人們開始問我關於本書（尤其是關於趨勢）的問題，但這些問題與過去讀者提出的問題截然不同。他們問我：「這些趨勢還有影響力嗎？哪種公司能夠跳脫眼下的危機，找出在業界存活的方法？」更重要的是：「你我的工作或是職業是否依然『不可或缺』？」

這些是所有人都必須面對的議題，我也嘗試寫作新版的《洞見趨勢》來回答這些疑問。但我並未沉默的窩在家裡寫作，而是選擇在家中設置工作室，開始接受網路研討會及線上會議的邀約，以遠距視訊形式演講。我的演講內容大部分依然聚焦在趨勢及未來。

過去兩個月來，我以平均每兩天一場的頻率進行超過三十場演講。我從這些演講中（特別是演講之後的問答時段）發現，各位讀者接下來將在本書讀到的見解依然值得信賴。事實上，其中有許多項趨勢甚至因為疫情而出乎意料的加速發生。

遠距教學變得無所不在；觀賞網路運動直播的人數前所未有的多；遠距醫療、視訊會議、家庭電影串流、數位貨幣、臉部追蹤、甚至是全民基本收入（universal basic income）的概念——那些過去被我們視為未來的概念——都變成當下的主流思維。然而，這一切的發生並不是因為創新的速度變得更快，而是過去阻撓我們前進的籓籬已經崩塌。

由於世界變化的速度一天比一天更快，擁有洞見思維的急迫性前所未見，本書因此能派上用場。我在書中描述的趨勢有趣又珍貴，而且毫無疑問，這些趨勢的影響力依舊存在。書中概述的洞見思維訣竅，將幫助你探索明日、迎向未來。

希望各位讀者喜愛本書，並且在為肺炎疫情後的「正常」生活到來前做好準備時，能仔細探索書中見解，藉此獲得你需要的協助。未來就將掌握在訓練有素、能看見他人錯失細節的人手中，你必定也可以成為其中一員。

二〇二〇年五月十五

# 第一部
# 洞見趨勢的思維

# 導論

我不會速讀，我只是秒懂。

——以撒．艾西莫夫（ISAAC ASIMOV），作家、歷史學家兼生物化學家

那年是一九六二年，羅伯．湯森（Robert Townsend）剛剛解散公司整個廣告部門。湯森剛接手的公司已經超過十年沒有獲利，如果他想翻轉這間公司的命運，勢必得想出個好點子，然而他卻沒有相應的龐大預算。束手無策之下，他寄了一紙短箋給紐約數家頂尖廣告代理商的創意總監，提出了一項不可能的任務：「如何用一百萬美元做出有五百萬美元效果的廣告？」

其中一家廣告代理商提出罕見的提案。比爾．伯恩巴克（Bill Bernbach）是知名廣告業巨頭——恆美廣告公司（Doyle Dane Bernbach，簡稱ＤＤＢ）的創辦人，他要求接下這份工作前，廣告業主先給他們九十天的研究時間，此外湯森必須同意完全依照ＤＤＢ所提的內容進行廣告，不得有任何疑義。

湯森同意了。

ＤＤＢ首先進行了一系列的焦點團體訪談，結果令人沮喪。業主的品牌比起身居產業領導地位第一名的品牌，是遠遠落後的第二名，要填補這段落差幾乎不太可能。因此ＤＤＢ必須找出有用的訊息來打造廣告。沒想到，一位沒沒無聞的廣告文案寫手寶拉．格林（Paula Green）及時提出獨特的點子。

在那個時代，廣告業是由男性主導的產業，對身處廣告界的男性來說正是黃金時代。身為在當時相當稀有的女性廣告文案寫手，格林已習慣在工作上必須提出與眾不同的觀點。格林從焦點團體訪談中一名業主公司員工說的話得到靈感，寫下了誠實得近乎殘忍的全新廣告標語：「安維斯（Avis）——我們只是第二名，所以我們更努力。」

湯森一開始對這則廣告充滿懷疑。

怎麼會有任何品牌願意花錢宣傳自己只是第二名？而且他的公司都已經岌岌可危了，做這種廣告真的好嗎？但湯森依然遵守諾言，勉強批准這份廣告文案。

結果這支廣告立刻席捲全國，在廣告企畫開始的不到十二個月，安維斯就從每年虧損三二〇萬美元轉而賺進一二〇萬美元。也有人預測在幾年之內這句廣告詞就得更新，因為安維斯不再只是第二名了。這句廣告詞也成為安維斯激勵員工的標語，接下來的五十年安維斯也都以這句廣告詞做為品牌宣言。時至今日，這則廣告被視為有史以來最成功的廣告之一。

為什麼這則廣告會變得如此有代表性呢？

數十年來大家不斷爭論這個議題；有些人認為，因為品牌與廣告商之間建立獨特信賴關係，才能達到這種效果；其他人則認為，這句廣告詞裡的謙遜態度讓安維斯這個品牌更有人性，也激勵安維斯的員工每一次與客戶互動時都更加努力；領導能力專家則讚頌湯森知名的以人為本的管理風格。

格林本人則認為，這則廣告會成功是因為「顛覆廣告就是在自賣自誇的概念」。她也略帶諷刺的提到自己身為女性又身處廣告業，一直必須比別人更加努力，「某種程度上就是（她的）生活寫照。」

格林的話點出這個例子裡被大家忽略的細節：有這麼多人參與焦點團體訪談，卻沒人領悟到那位員工說他們必須更努力這句話有多重要。

只有格林注意到這件事，只有她看見所有人遺漏的重點。

## 我為什麼寫《洞見趨勢》？

這本書希望教你怎麼察覺別人沒發現的事。

洞見趨勢的訣竅常常被大家描述成「創造力」，我們所身處的世界也大加頌揚創造力的魔力。但如果是想為某些特別棘手的議題找到解決方案，或是想出能夠改變世界的點子，需要的就不只是創造力，我也是大概二十年前的某一天才發現這項事實。當時我坐在會議桌前，對面坐著的人等待有人能提出讓他驚豔的點子，任何一個人，當然，不會是我。

那是二〇〇一年，我進入廣告業工作還不到一年，這段時間雖然不長，卻也足夠我讓了解廣告業界裡的階級有別。廣告業裡有些人是創意人，這些創意人擁有像「靈光一現的魔法師」這樣很酷的稱號，剩下的就是我們這些普通人。

我不是一個創意人。

那時我們坐在辦公大樓頂樓的會議室裡，從那裡能夠直接俯瞰雪梨的達令港。會議室裡有一張客戶特別強調是用塔斯馬尼亞橡樹製成的巨大會議桌，這種派頭就是為了嚇唬人。

就在其他人提出空前絕後的絕妙廣告提案時，我不禁暗自鬆一口氣，好險沒人期待我開口表示意見。一開始提案的狀況看起來很好，可是接近收尾時客戶卻問了一個大家都出乎意料的問題：「你們還有其他點子嗎？」

**這可不妙。**

為了這次會議，整個創意團隊花了兩個月的時間準備，大家自認提出的點子一定可行，所以根本沒有任何備案。

我們的回應只有一片沉默，太慘了。

我慢慢意識到，眼下只剩我還記得那些被棄而不用的提案，因為我是新人，新人就是得負責在所有會議中做筆記。努力提起勇氣後，我終於打破沉默開口說話；那一刻以出人意表的方式改變了我的職業生涯。

當時我的腦袋並沒有蹦出什麼絕妙的好主意；事實上，我根本不記得自己當下說了什麼。但是我記得那時的**感受**，那是我第一次發現，知道別人不知道的事情是什麼感覺，我立刻愛上那種感覺，我想要再度擁有那種感受。

可惜的是，發揮創意依然不是我的工作。從我們與客戶的失敗會面看來，或許客戶想要的東西根本不應該用創意這個詞來形容。

差不多就在那時候，我從小說家科特・馮內果（Kurt Vonnegut）問一位作家的話中得到靈感：身為「全知之人」是什麼感覺？

## 為何速讀不重要？

以撒・艾西莫夫以創作生涯作品繁多而享有盛名，他一生中寫了將近五百本書，最知名的作品是極富獨創性的科幻小說，同時也涵蓋從兒童恐龍圖解指南，到大部頭聖經全解等各種類型的書籍。

一個人如何能夠擁有這麼多種興趣與技能，可以每年平均出版超過十本書？艾西莫夫認為他能擁有創意思考的能力，是因為他從很年輕開始就盡可能廣泛閱讀、學習一切事物，並且對於各種知識來者不拒。

他曾說過：「我不會速讀，我只是秒懂。」試想，如果你也能夠做到「**秒懂**」呢？

各種資訊內容淹沒現代人的生活，所以身處現代的我們要跟隨艾西莫夫的腳步了解這個世界實在太困難，而充斥我們生活的各種資訊內容大部分都不夠優質，想要分辨哪些是垃圾訊息，哪些資訊值得信任更是難以做到。推陳出新的數位工具為大家提供可以輕鬆分享意見的管道，即便這些人思想淺薄（或根本是蠢蛋），也都還是能輕易推廣自己的思維。事實上，垃圾資訊不論如何經過包裝，又能夠輕易傳播給社會大眾，它們依然還是垃圾資訊。

為了面對這種亂七八糟的資訊四處傳播的洪流，我們逐漸開始依賴各種演算法、以及在社群媒體上的單一面向意見協助我們過濾雜訊。在絕望之下，我們開創了各種新方式來撇除不需要的資訊。我們加快看電視的節奏，利用速讀應用程式，開始向那些擅長「搶時間」的生產力大師學習。

但這些方法都不是長久之道。

問題在於，想藉由更快速的消化資訊內容來變得更聰明，有點像是想要藉由參加大胃王比賽來享用食物。六十秒內吃下二十六個熱狗或許可以止飢，但吃完以後很有可能會不太舒服。

想要更了解這個世界，不能單靠盡可能閱讀就做到。你得一開始就刻意察覺自己該把注意力放在哪裡，注意哪些重點。假設你能做到終生學習，持續對世界抱持好奇心，同時能夠發現、理解並預測其他人忽略的事物，那將會是什麼感覺呢？如果你能夠運用這種技巧來理解各種規律、發現各種事物的交集並且在交集出現時觀察出未來走向，那該會是如何？倘若你拼湊了這些資訊，結果真的能夠學會預測未來，那又會是什麼樣子呢？

你的確可以做到。這本書最大的目的就是帶領你達到以上的目標。我稱這種方法為「**洞見思維**」，這種思考模式能夠改變你的生命。多年前我在挪威度過了一個令人難忘的下午，那時我身邊有五萬瓶酒，但卻一瓶都不能喝，之後我就意識到這種思考模式改變了我的生命。

## 我從挪威百萬富翁身上學到的事

克里斯欽・雷因斯（Christian Ringnes）是斯堪地那維亞最富有的人之一。他靠不動產致富，同時也是藝術收藏家，挪威奧斯陸最受喜愛的愛克堡雕塑公園，正是因為有他在背後推動及資助才能建成。不過他還有另一項更古怪的成就可以傳承給後世：世界上最龐大的迷你酒瓶獨立收藏。

他投入這項嗜好數十年的時間，但這份狂熱還是不敵他太太丹妮絲的意見。丹妮絲快被這堆亂糟糟的東西煩死了，於是對他下達最後通牒：想辦法處理掉這五萬兩千多個瓶子，或是直接賣掉。雷因斯難以忍受與他深愛的瓶子分開，所以他想了一個辦法。也許你跟這位挪威不動產大亨想出的解決方法一樣——直接為他深愛的小酒瓶們打造一座博物館。

時至今日，他的「迷你酒瓶展覽館」（Mini Bottle Gallery）依然是世上數一數二的奇特博物館，非主流的旅遊導覽書也常常提到這座博物館。我去參觀時，展館本身的組成方式就讓我目眩神迷：每間展廳都有各自稀奇古怪的主題以及有相關特色的瓶子，這些主題包括靈感來自妓院的「罪惡廳」，還有酒瓶的液體中漂浮著各種東西（例如老鼠，或是蟲子）的「恐怖廳」都有。

更重要的是，就像其他經過縝密計畫的博物館體驗一樣，迷你酒瓶展覽館也歷經精密的策展過程才展出，每次展覽都只會展出雷因斯20%的收藏。這種經過謹慎思考、精挑細選的策展方式創造出整個展覽館的意義，因為每間展廳都對參觀者訴說一個故事，而那些故事正是讓觀展體驗更鮮活的關鍵。

當天傍晚走出博物館時，我意識到這種策展概念對我的工作來說相當重要。要提出讓客戶更喜愛的好點子，或許致勝關鍵就在於以策展的概念，在客戶提出需求之前就先將資訊彙整妥當。

## 我如何運用策展手法收集點子

時間回到二〇〇五年年中，我們必須組成一個社群媒體團隊，後來這個團隊成為全世界幾個最成功的社群媒體團隊之一。當時，所謂的社群媒體基本上就是指部落格，因此我們必須想辦法協助大品牌直接與部落客接觸。

經營部落格看似簡單，所以我自己也開始寫部落格。剛開始寫文章很容易，但過了一段時間，我就開始想不出新主題了。

我該如何在全職工作的狀態下，同時持續更新這個匆促之下創造的部落格？我需要用更好的方法來收集各種點子。

因此我開始到處找靈感。首先，我把在網路上看到的各種故事的連結寄給自己、在紙上寫下可能成為部落格文章主題的點子、從書上記下名言佳句、把雜誌可用的頁數撕下來。慢慢的，隨著收集越來越豐富，可以用來寫文章的主題越來越多，我開始把它們都收集在一個簡單的黃色資料夾裡，資料夾上字跡潦草的標籤記錄各種想法。很快的，這個資料夾因為反覆使用而變得破破爛爛，我只好用膠帶修補破損的地方，但後來膠帶也變得陳舊不堪。

不過這個方法的確有用，我收集來的資料為我貢獻許多靈感。我持續在部落格上寫了四年，這四年來我每天都更新文章。

這段時間裡我寫了超過一千篇文章，擁有數十萬名讀者。這個部落格獲得許多獎項的同時，更替我累積人脈，最終引領我獲得與麥格羅希爾出版社合作的機會，因此我在二〇〇八年出版了第一本書——《品牌個性影響力》（*Personality Not Included*）。

兩年後，我做了一件形塑我未來十年人生的事。

## 「洞見趨勢」報告的誕生

二〇一〇年底左右，我開始不斷閱讀與未來趨勢相關的文章。但我讀到的文章大部分都是匆促寫成，內容不知所云，或是因為有所圖而寫出來的「明顯」趨勢。其中一篇文章聲稱未來一年最熱門的趨勢會是 iPhone 4，還有一篇文章提出「會有更多人在社群媒體上表現自我」，也有人預測二〇一一年將會是由無人機稱霸的一年；可想而知，這篇文章的作者正是無人機製造商的執行長。

這些根本不是趨勢，只是觀察全世界現象後所得到的明顯結論。

講得好聽一點，這些所謂的趨勢是這些廠商一廂情願的想法；直言不諱的說，這些言論就是經過包裝的推銷，希望產品或服務因為符合潮流而獲益。出於沮喪，也試圖想把這件事做得更好，我發布了自己的十五項趨勢清單，並將它命名為「洞見趨勢」報告（*Non-Obvious*

Trend Report），這個名稱可說是為那些我讀過的趨勢預測下了直接的評語，那些文章內容根本就是顯而易見的潮流，不需要洞見就能察覺。

結果這份報告在網路上廣為流傳，有數十萬人閱讀並分享。

接下來五年，起初只是大家在網路分享的二十頁簡報內容，進化成精實的年度趨勢報告，內容包括數百頁的研究、訪談、研討會內容，最後在二〇一五年成了你手中的暢銷書。

一路走來，我離開在奧美的工作成為創業家，在許多大型場合演說，並且在每年一月出版當年度的《洞見趨勢》。

如今十年過去了，《洞見趨勢》系列叢書也多了九個新版本，我的《洞見趨勢》系列書籍已提出超過一百項預測、翻譯成八種不同語言、贏得九項聲譽卓著的國際圖書獎項，並且擁有超過一百萬

名讀者。這些書也讓人們為我冠上我總是很掙扎該不該接受的頭銜：未來主義者。

## 我不是未來學家

未來學家觀察今日世界、預測未來，也為我帶來啟發。未來學領導者喬治．傅利曼（George Friedman）的著作《下一個一百年》（*The Next 100 Years*）結合了絕妙科幻小說的寫作手法及潛在的未來樣貌。二〇六〇年或許真的會像傅利曼預言的一樣，是人類「黃金十年」的開端。這就是未來學家的思維。

相較之下，我和我的策展團隊研究趨勢，藉由洞見趨勢協助各大品牌及企業領導人更了解節奏不斷加快的現代社會，並藉由這些知識立刻付諸行動。這也就是為什麼「未來學家」這個頭銜對我來說有點言過其實。

在以往的訪談中，我都以「類未來學家」描述自己。我通常預測聚焦於正在影響人類行為或信念的趨勢，這並不代表我的年度趨勢預測過時；反之，只要善加預測，這些信念趨勢會隨著時間推進更加明顯。

# 如何閱讀本書

經過十年的趨勢預測，我和團隊已見證某些趨勢發展成更廣泛的文化或人類行為轉變，而其他趨勢則日漸式微。

在這本十週年版的《洞見趨勢》裡，我們將一覽過去十年的研究，運用策展方式彙整出最重大的趨勢及事件，同時針對世界當前面對的急迫需求，為全球日漸增加的洞見思考者提供相關背景知識。

在本書的第一部，我將帶領你探索洞見思維必須擁有的五種心態，隨後深入探討我獨家的「稻草堆搜尋法」（Haystack Method），透過這個方法彙整各種趨勢及技巧，將洞見轉化為行動。

本書的第二部分主要介紹即將形塑未來十年的十項大趨勢，以及其中涉及的文化、商業、職業生涯以及人道議題。各章也會探討各項趨勢對人類世界的潛在意義。

最後，第三部將回顧過去九年以來的所有洞見趨勢，並對每項趨勢多年來的進展做出一個整體的評分，還有這份報告本身隨著每一年而進化的精彩幕後故事。

讀完本書你將能了解，學習**洞見趨勢思考者**不僅能夠讓你學會洞見趨勢，更能讓你對「改變」抱持更開放的心態，協助你主動破舊立新、突破現狀，而不是隨著趨勢被淘汰。

不管你名片上印的是什麼頭銜，洞見思維可以讓你搖身一變成為任何場合裡最有創意的人，也能幫助你解決你最頭痛的問題。最重要的是，洞見趨勢能夠協助你察覺別人忽略的細節，搶得先機，迎向未來。

最後，最重要的是，想在未來贏得成功並不需要學會速讀，讓自己秒懂才是更值得努力的目標。希望本書能夠引領各位達成這個目標。

第一章

# 擁有洞見思維的五種心態

我研究過好幾千人……令人驚愕的是，竟然有這麼多人拒絕學習的機會。

——卡蘿．德威克（CAROL DWECK），《心態致勝》（*Mindset*）作者

我跟二十五位緊張萬分的學生一起坐在教室裡。

未來十週，我將在這門喬治城大學開設的課程中擔任教授，課程的焦點是增進公開演說與說服的能力。這些學生自我介紹時，有超過一半的人一開始就表示自己不擅長公開演說。接下來的幾年，第一堂課總是這樣揭開序幕。

每年我在回顧學生整個學期中的進步狀況時，都出現相同的模式：在自我介紹時聲稱不擅長演說的學生，進步的幅度都比不上那些沒說過自己不擅長演說的學生。某種程度上來說，這種現象的確很合理，畢竟某些人天生就比較擅長公開演說，不是嗎？

令我意外的是，即便如此，這種本性的差別與後來誰成為比較出色的演說者之間其實沒什麼關係。事實上，某些學生習慣高估自己的能力，而其他學生則選擇壓抑自我及天分。成功

與否並非由天生能力決定，實際上存在其他會產生影響的因素。

知名史丹佛心理學教授卡蘿・德威克的著作為我們提供了可能的解釋。德威克花費數十年研究小學生、職業運動員、商業領導人，並對他們進行訪問，發現了為何有些人就是能夠激發潛力，而其他人則否。

她的重大結論是——成就其實完全取決於個人心態。

德威克解釋，大多數人抱持的不是成長心態，就是定型心態。抱持定型心態的人相信自己的技巧及能力是天生註定，他們認為自己從事某些事物的能力非

## 洞見思考者的五種心態

**善於觀察**
發現別人遺漏的細節

**充滿好奇**
永遠抱持求知慾

**彈性變動**
不拘泥，勇於前進

**謹慎思考**
花時間多沉思

**保持優雅**
精心打造
符合美感的點子

好即壞，也傾向於將努力投注在認為自己有天份的事物及職業選擇上。

抱持成長心態的人則相信成功是結合學習、努力及決心所帶來的成果。他們認為自己可以藉由努力來發揮出真正的潛能；因此，抱持成長心態的人能夠積極面對挑戰，而且對學習很有熱誠。他們通常將失敗視為提供喘息機會的「停車場入場券」，而非毀滅性的「車禍」。抱持成長心態的人更有彈性、更有自信，也通常更快樂。

想要有洞見思維，就必須先擁有成長的心態。然而，光從心態的差異也無法解釋為何有些人能夠發現別人沒發覺的細節，而其他人則照舊用一樣的方式處理事情。

過去十年來，我不斷鑽研洞見思維，為此我研究數百位思想家、企業領導者及作家的思考過程，其中許多人主導了改變產業面貌的創新發明，他們也都是不同凡響的成功人士。除了抱持成長心態以外，我也揭露了另外五種這些洞見思維者採取的心態，這些心態促使他們本身及他們建立的組織能夠比他人更快速的順應趨勢、迎接未來。

## 洞見思維心態 #1 善於觀察

留意周遭世界，訓練自己注意其他人錯失的細節。

有一天，我站在機場空橋上等登機行李送來。那些率先送達的行李把手上都有黃色的套子，所以我問了身邊其他旅客，原來那是聯合航空發給他們的頂級乘客用的，地勤人員會優先運送套上黃色套子的行李。這時我才想到其實自己家裡也有這種行李套，只是因為不知道這個黃色套子這麼重要，所以從來沒想過要用它。

隔週我就開始使用這款行李套，不出所料，我的行李跟其他頻繁搭機旅客的行李一起優先抵達。省下這幾分鐘當然不會就此改變我的人生，但這件事的確讓當天的飛行體驗更舒服。而且經過數十次的飛行旅程，累積起來省下的時間也是相當可觀。

擁有觀察力並非單純只是發現重大事件，你也得訓練自己注意各種小細節。你是否能在某些狀況裡注意到其他人沒發覺的小事？發現這些細節讓你對於大眾、各種行事的程序及公司企業產生了哪些過去不曾有過的洞見？另外，即便只能獲得像行李比別人快一點點送達這種小優勢，也請你試著思考自己能如何利用這些新知識勝出？

有關這項習慣的影片，請見：www.nonobvious.com/megatrends/resources

## 讓自己更善於觀察的三種方法

### 向孩子們解釋周遭世界

想要磨練自己的觀察力，其中一個最好的辦法就是向孩子們解釋周遭世界的各種情況。例如，我的小孩最近問我為什麼工程車和交通號誌都以黃色調呈現，可是大部分的車子卻又不是黃色的？這個問題讓我不得不思考過去我可能根本想都沒想過的問題。（答案是，黃色從遠處看起來比較明顯，而在美國文化中，黃色也被視為表達「小心」或「注意」的顏色。）

## 觀察各種行為程序

生活中，像咖啡師怎麼製作你點的咖啡，或者是誰能得到艙等升級的機會——這些人類互動行為都受到某種神祕的系統控制。下次與跟自己不同專業領域或身處不同環境的企業或專業人士互動時，務必刻意注意細節。好好觀察他們的行事程序，注意與你互動的每個人處理事情的細節有哪些不同？當你能夠注意到這些程序，不會在無意之間忽略時，就能真正發現其他人錯失的細節了。

## 放下手機

手機很容易讓我們忽略周遭世界。與其一邊盯著手機、一邊做像是在街上走路或搭地鐵之類的日常瑣事，不如放下手機看看四周，努力發覺有趣的事物，觀察大家的肢體語言或是跟陌生人聊聊天。

## 洞見思維心態 #2 充滿好奇

多問問題、努力學習，用好奇心面對不熟悉的事物。

布加爾尼・赫爾約夫松（Bjarni Herjulfsson）本來可能會是史上最知名的探險家之一，但他的生平事蹟大多都被遺忘。

西元九八六年，赫爾約夫松從挪威出發，踏上尋找格陵蘭的旅程。由於暴風將他們吹離本來的航道，他們的船成為歷史紀錄上第一艘碰見北美大陸的歐洲船隻。儘管赫爾約夫松的船員請求他停船並上岸探索，他卻選擇直接將船引導回原本的航道，最終找到了格陵蘭。多年後，他將這個故事告訴他的朋友萊夫・艾瑞克森（Leif Erikson），受到赫爾約夫松的探險歷程啟發，艾瑞克森自己買了船踏上旅程。

後來大家都記得，艾瑞克森是第一個登陸北美大陸的歐洲人——比哥倫布在巴哈馬登陸並據稱「發現」美洲大陸還早了五百年，赫爾約夫松卻反而遭人遺忘。赫爾約夫松的故事正好提醒我們好奇心的重要性：好奇心是發現新事物的必要條件。

身為人類，我們天生就擁有好奇心，但因為好奇可能令人分心，我們經常會壓抑它。比起停下腳步更深入探索事物，直接繼續前進還比較輕鬆。甚至連我們本身擁有的知識都有可能拖累我們發現新事物。舉例來說，隨著越了解某個議題，想要站在專業領域之外思考並拓展視野就更加困難。心理學家以「知識的詛咒」來描述這種現象。

以下幾種方式，能幫助你重新激發好奇心，打破知識的詛咒。

## 讓自己充滿好奇的三種方法

### 從「有內容的媒體」吸收資訊

我們的生活充斥各種無腦的資訊內容，有專講八卦的部落格，還有上演討厭的人在做討人厭的事的實境節目等等。雖然無腦的內容有令人上癮的娛樂效果，但它們會讓你的思考變得更被動，更無法提升你的好奇心。與其如此，不如吸收那些能夠激發好奇心、促進主動思考的內容。你可以收看吸引人的ＴＥＤ演說、閱讀敘述陌生主題的書或是參加有關特殊議題的講座。

## 閱讀陌生主題的雜誌

透過他人視角看待世界的各種方式中，我最喜歡閱讀自己不是目標受眾或不是描繪我自身文化的雜誌。舉例來說，《Modern Farmer》、《Pacific Standard》和《Monocle》就是三種定位相當不同的雜誌。只要簡單翻閱這類雜誌裡的文章、廣告和意象，就能立刻讓我跳脫自己的世界（也包括實際地理上的世界），而且速度比做其他任何十分鐘的活動都要快。

## 不斷問問題

多年前，我獲邀到一場針對塗料產業的活動中演講。當天我提早抵達，便在展覽廳四處逛逛，也向許多人請教了各種問題。三十分鐘後，我學到有關混合塗料的方法、業界不斷爭論的全塑料罐跟不鏽鋼罐之間的優劣差異、電腦配色系統如何影響銷售的各種知識。我跟數千名身處數十種不同產業的專業人士也進行過類似的談話，這些體驗讓我獲益良多。藉由這種方式，我對於各種不同族群、不同產業都略懂皮毛，也令我有自信能跟任何聽眾談論他們熟悉的話題。我的好奇心為我做好準備，使我得以在任何產業取得成功。

## 洞見思維心態#3 彈性變動

避免當下過度分析有趣的點子，過一陣子再消化吸收。

大家通常不覺得善變是好事，但我覺得大家在想到新點子時都忽略了「三心二意」的好處。讓我為各位解釋這背後的道理，請各位回想累積飛行里程的的機制，一般人不會在搭了一趟航班，累積僅僅幾千哩的里程後就直接在回程班機把這些里程數用掉。反之，各位會選擇持續收集里程數，累積直到里程數足夠去某些好玩的地方才使用。**你可以嘗試運用一般人收集飛行里程的方式收集點子。**

這麼做的關鍵在於，要避免衝動的在發想的當下立刻為每一個點子賦予意義。我知道這種方式表面上看起來很違背直覺，畢竟，為何不好好花點時間探討剛想到的好主意，立刻深入研究呢？

任何經驗豐富的討論主持人或帶領大家發揮創意的老師都會告訴你，扼殺腦力激盪的最佳方式就是把自己卡在單一個念頭上，觀念的構成及分析之間需要足夠的緩衝時間才能獲得最佳效果。通常在你把各種念頭先放到一邊，過一些緩衝時間之後，各種點子的意義及彼此之間的連結才會出現。等過了一段時間再回頭解析這些思維，能夠讓你發掘更多洞見及觀點，並藉此找出各項見解之間更深刻的連結。

當你閱讀一本已經放在書架上好幾個月，甚至好幾年都沒有動的書，就能體會這種「彈性變動」背後隱藏的力量。購買那本書的當下或許並不是閱讀它的最佳時機，讓這本書在書架上待一陣子，有機會再回過頭來閱讀，靜待自己準備好探索其中奧祕的時刻到來。

擁有彈性變動並不是要求你急於拋棄各種想法，或是變得無法專注於單一項事物上；而是希望為各位釋放追求立刻辨識各種想法之間的關聯所帶來的壓力，讓自己更容易接受靜靜等待的時間，消化一下再回頭探索辛苦蒐集的點子。

## 讓自己彈性變動的三種方法

### 不用數位工具儲存點子

利用數位工具做筆記是儲存各種資訊的好方法，但大多都是優先顯示最新加入的資訊，過去儲存的資料就會被淹沒。我的確也會使用手機的記事軟體，但同時也會直接撕下實體雜誌上的文章，放進書桌上的點子資料夾。不用數位工具收集點子能讓我平等看待每一個點子，不會因為收集的時間先後而有差異。以實體形式收集點子，也讓我能夠把它們攤開來檢視——這正是執行第三章會談到的「稻草堆彙整法」的關鍵。

### 設定時間限制

為了避免過度分析一個點子，可以嘗試利用計時器限制自己花費的時間。這種方法能夠協助你整理思緒，並且更快速的衡量一個想法是否值得之後再回頭更深入檢視。

### 保持筆記簡潔

一整年當中，我在收集文章和故事時都會同時做筆記，提醒自己當初為何覺得這些內容吸引人。讀書時我也會利用彩色標籤紙標記出有趣的段落。因為字體越粗越容易讓我立刻看見最有用的訊息，所以我盡可能使用線條明顯的簽字筆做筆記。

## 洞見思維心態#4 謹慎思考

花時間建立有意義的觀點，同時考慮其他切入角度。

網路上充滿著無用、帶有偏見、不經大腦做出的評論和無知發言。

無論你要說的是什麼，快速回應似乎都是最首要的，在這種情況下要謹慎思考更加困難。跟朋友或同事進行討論、回覆電子郵件或回應部落格文章，甚至是跟店員或服務人員互動的時候，我們常常急著說點什麼，只為了填補沉默時刻，或在別人說話前先說出想法。

想讓自己更謹慎思考，就必須提醒自己停下來，思索一下周遭他人的各種想法，特別是那些跟我們思路不同的人。我們在閱讀時也必須帶著意圖，有時必須針對同一起事件刻意尋找數個不同來源吸收資訊。舉例來說，當我能看見不同的人與國家針對同一事件的報導之間的差異，我就能為自己建立更寬廣的視野。

## 讓自己更能謹慎思考的三種方法

### 暫停一下

不管你是在網路上或現實生活中與人互動，花點時間思考你想說的話之後再發言，一定會有好處。這樣你不僅能清楚表達自己真正的意思，也能避免因為沒考慮到別人可能會誤解你的想法而失言。

### 把想法寫下來，然後再重寫一次

傑出作家都會花時間校訂或重寫自己的作品，絕不會直接把初稿拿給別人看。這種校訂與重寫的過程很花時間（我都懂！）；如果你也這麼想，請記住，最吸引人的寫作手法就是對話，所以當心中有所懷疑時，你會怎麼說，就怎麼寫吧。

### 接受停頓時刻

身為一名演說家，我得經過多年練習，才有辦法自在面對沉默無聲的時刻。這很不容易。當你善用這些停頓時刻，就能向聽眾強調你希望他們聽進去的重點，並讓自己在對話中或在一群人面前發表談話時，有時間清楚表達出你的想法。謹慎思考、有說服力的人不會害怕沉默。

## 洞見思維心態 #5 保持優雅

用更美好、謹慎、簡單、易懂的方式來陳述想法或見解。

傑夫．卡爾普（Jeff Karp）是波士頓布萊漢婦女醫院（Brigham and Women’s Hospital）的生物工程學家，也是哈佛醫學院的醫學教授。他受到水母的優雅姿態啟發，專注於研究利用大自然生物帶來的靈感，發展出解決各種醫學困境的方法。以他命名的「卡爾普研究所」（Karp Lab）研發了各種創新發明，例如捕捉癌症病患體內散佈的腫瘤細胞的裝置，是以水母觸手為靈感來源；以及靈感來自豪豬刺、更好用的手術釘針。

雖然卡爾普的研究是專注於從優美的大自然中尋找靈感，你也可以應用相同的原則來表達自己的想法。表達自我時，簡單就能保持優雅。去除冗詞贅字後，就能提煉出你的想法，並讓它們更簡單易懂。

## 讓自己保持優雅的三種方法

### 力求精簡

簡單與優雅是並存的。運用在表達自己的想法上，通常是指盡可能精簡用詞。這也是眾所周知的專業表現，當你真正了解某事，不用一一從頭說起也能讓門外漢理解。

### 使用詩意的語言

詩人會運用隱喻、比喻、押韻與其他手法，來表現作品中的感情與意義。你可以如何利用更動人的語言來避免落於俗套？不要總是用「很棒」或「很讚」這些用詞，何不試著用「令人屏息」「絕妙」「超炫」或是「無以倫比」來形容?拜網路之賜,只要動手一查就知道還有哪些好詞可以用。把它們找出來吧。

### 拆解

把一項論點或複雜的狀況拆解成各種相關部分,就能幫助你理解並向別人解釋。就像機師會使用鉅細靡遺的核對清單,確保在起飛前不會忽略任何步驟,這就是一種化繁為簡的優雅解決方式。

## 實際行動

以上五種心態能協助你用不同的方式思考,並避開會想出理所當然點子的懶人思考模式。採取這些心態,你會更善於在自己閱讀的故事、收看或收聽的媒體節目,以及與他人的對話中發現關聯性。你也會發現自己比同儕更有洞察力,能發現其他人忽略的事物。

一旦養成使用以上五種心態的習慣,你便做好準備讓自己的洞見思維更上一層樓了:找出有趣的點子與模式,並用策展手法將它們化為能協助你制勝未來的洞見。下一章你將學會如何辦到,用的就是我稱之為「稻草堆彙整法」的過程。

第二章

# 用稻草堆彙整法建立洞見思維

最可靠的預測未來方式就是了解當下。

——約翰・奈思比（JOHN NAISBITT），未來學家兼《大趨勢》（*Megatrends*）作者

一九八二年，《大趨勢》一書改變了政府、商業界以及人類對未來的想法。正如你所猜測，即便我第一次讀這本書的時候，距離它的首刷出版已將近二十五年，它依然對我啟發甚深。

作者約翰・奈思比是最早預測人類會從工業社會進化為資訊社會的先驅，他做出預測的時間比網際網路的出現還早十幾年。他也預言，世界的構成將從上下階級轉變為網絡結構，還預測到全球經濟的崛起。書中雖然充滿理直氣壯的美國正能量風格，不過奈思比在書中提到的十項主要變動，在書首刷出版的當下的確相當前衛，其中一位書評還讚譽這本書「跟水晶球一樣神奇」。這本書在全球銷售了超過一四〇萬本，至今仍是四十年來未來趨勢主題書中最暢銷的傑作。

大家都知道，奈思比相信觀察以及好奇心的力量；他的親友在訪談中常說奈思比「對人、文化及各種組織都有無比的好奇心」，甚至提到他為了尋找新點子，習慣瀏覽「上百份報紙及雜誌，從《科學人》（*Scientific American*）到佛教雜誌《三輪》（*Tricycle*）都不放過。」

奈思比如今已經九十歲了，依然在收集各種新想法。就如他常說的：「如果想要更準確的預測未來，就得從更了解當下開始」。

可惜的是，要理解當下的一切並不容易；尤其當你我身邊的人都向你推銷自己的價值觀時，要宏觀的看清現實很困難。很多人在思考未來議題時，描述的都是一些非常短暫的現象或不具有真正意義的事物。

問題是，大部分的人不明白什麼才是趨勢。我們就先從趨勢的定義開始說明：**趨勢就是觀察快速發展的現狀，以策展手法篩選彙整後做出的結論。**

## 趨勢和流行的差異是什麼？

趨勢能夠協助我們預測未來，並且改變我們的行動與思維。問題是，許多所謂的「趨勢」其實只是短暫的流行，趨勢與流行之間的界線有時真的非常模糊。即便有些趨勢看起來似乎就只是與時下流行相關的故事或文化現象，但趨勢會更著重於描述經歷一段時間後，人類行為或價值觀所產生的改變；而流行則著重於表現某些短暫存在的風潮。偉大的趨勢能夠明確反映出時間長流中的某個時刻，而這個時刻不會隨時間消逝，其中的基本思維會隨時間的推進更加提升。

好的趨勢都聚焦在基本人類行為及人類信仰價值的變動，不會僅僅描述單一有趣事件或是熱門的新產品或新行業。

舉個例子，幾年前有人問我是否覺得 3D 列印的興起會成為趨勢，我當時持否定答案，但我認為人們開始想要動手製作物品的自造者運動（*maker movement*）是值得關注的趨勢（正好自造也是 3D 列印的重要用途）。

在預測未來這門學問裡，大家常聽到「發現趨勢」這個用語；這個用語就像把趨勢比喻為賞鳥時大家觀察的鳥類，彷彿會靜靜的停在樹梢等你觀察、分類。發現趨勢的人通常會把焦點放在尋找新奇的故事，或任何特殊的事物上。

發現趨勢跟找出真正的趨勢並不一樣，當你關注於發掘特別的事件，就會專注於收集有趣的點子，忽略理解整個事件框架、了解背後意義的重要性。把發現各種新點子的舉動跟洞見趨勢混為一談，就像是把放在架子上的蛋、麵粉、糖直接視為完整的蛋糕一樣，你的確能看見眼前的各種材料，但是真正的趨勢必須經過彙整才會產生意義，就像蛋糕一定要經過烘焙的步驟才能出爐一樣。

這種發現趨勢的迷思，讓很多人覺得找出趨勢的過程就像在稻草堆裡找一根針。這個老套說法實在太廣為人知，所以我就把自己過濾整理資訊的方法命名為：「稻草堆彙整法」。

## 稻草堆彙整法

稻草堆彙整法是一種用策展概念篩選整理出趨勢的方法。首先從收集故事與想法開始，將這些故事、想法（稻草堆）合理的分門別類後，再分析每一個分類，藉以判斷它們是否揭露任何隱藏的趨勢（針）。以下是稻草堆彙整法的五個步驟：

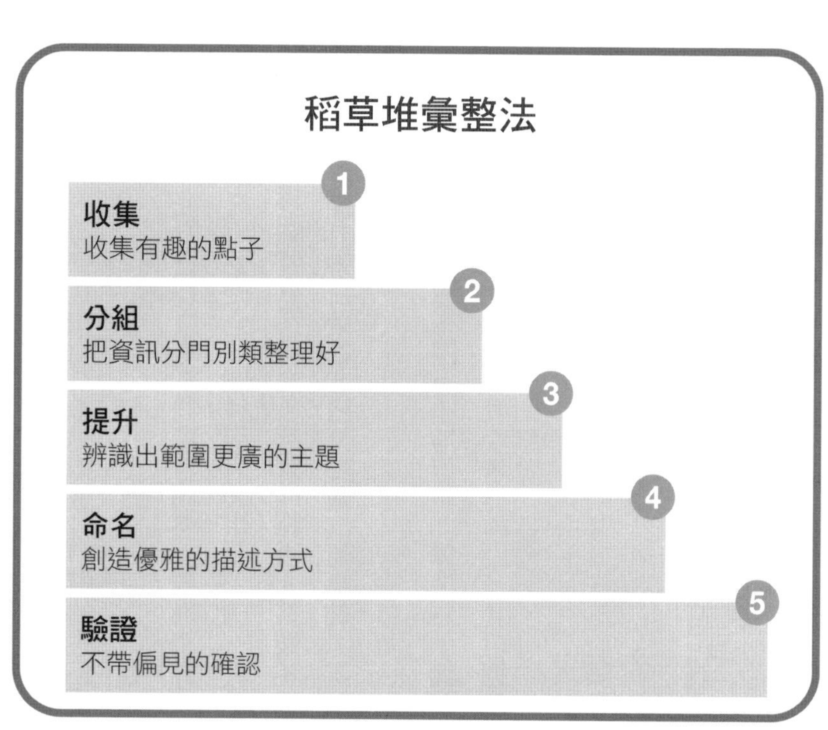

稻草堆彙整法
1
收集
收集有趣的點子
2
分組
把資訊分門別類整理好
3
提升
辨識出範圍更廣的主題
4
命名
創造優雅的描述方式
5
驗證
不帶偏見的確認

## 稻草堆彙整法#1 收集

「收集」必須嚴謹的一邊收集故事及點子一邊記錄其有趣之處。

想在每天如潮水般湧來的媒體資訊中找出其中隱含的價值，最好養成習慣，把最有趣的故事儲存下來，靜待稍後查看。

收集這些故事的方法不是最重要的關鍵，不管是用筆記本、桌上的資料夾，或是用手機應用程式收集都可以。關鍵在於，你必須提醒自己當初收藏這些故事時最讓自己感興趣的是哪些重點？在你回頭查看這些資料時，這樣的筆記會為你帶來更多幫助。

寫筆記提醒自己時務必注意以下原則：

1. **聚焦在洞見上**。把書裡每句話都用螢光筆標記起來當作筆記根本沒用，不要試著單純簡述文

稻草堆彙整法步驟一：收集資料的來源與方法。

章的所有內容；反之，你必須聚焦於讓這個點子值得被記住的特點，也要好好關注你在收藏這篇文章時產生的想法。

2. **加上註記**。利用「註記方塊」讓筆記更好讀。在做好的筆記旁邊寫下幾個關鍵字，再用方框框起來，藉此提醒自己當初為何選擇這篇文章或這個點子。例如你可能會以**好點子**或**待讀書籍**來做紀錄，這種註記方塊讓你任何時候閱讀筆記時都能快速檢視所有資訊，並且能夠區別出自己想進一步探討的內容。

3. **辨識想法之間的交集及應用方式**。在收藏文章裡的新點子和其他內容時，同步思考有哪些應用方式，就算當下想不到也沒關係。但產生想法時，記得馬上把這些念頭記錄下來，免得忘記。

下載洞見趨勢筆記法教學內容：www.nonobvious.com/megatrends/resources

**舉例說明：收集不尋常的事物**

幾年前我讀到一篇文章，內容敘述以前番茄曾被認為是「毒蘋果」，一八〇〇年代很多人害怕這種食物，結果其實是因為番茄裡的酸性物質會跟當時餐具裡的鉛產生化學反應，因此造成許多貴族鉛中毒死亡。

雖然這則故事並不是發生於現代，但我直覺認為這則故事跟當下的某些現象有所關聯，所以我選擇收集了這篇文章。幾個月後，我在寫作二〇一八年的《洞見趨勢》「覺醒的消費行為」（Enlightened Consumption）這個章節時，發現這個小故事很適合用來做開場白。

## 收集點子的三個祕訣

### 使用資料夾

我桌上一定會擺實體資料夾，用來收集我手寫的各種點子、從報章雜誌上撕下來的文章、網頁上列印出來的資料、座談會拿到的小冊子以及有趣的傳單。這種實體資料夾讓我得以具象化收集來的新點子（就像前幾頁的圖片裡那樣），並且成為整理洞見趨勢時的基本要素。

### 設定時間軸

我每年一月就會重啟當年度的《洞見趨勢》時間軸，花接下來的一整年彙整洞見，並且在每年十二月出版新版的《洞見趨勢》。多虧這種一年一度的規律，我收集這些點子，運用策展手法彙整洞見趨勢的過程就有了明確的起點和終點。各位讀者不必設定非常嚴格的時程，但最好還是訂出明確的計畫審視你所收集的資料，好好回顧這些內容，確保努力心血不會白費。

### 追尋概念而非結論

在辨識該收藏哪些故事或點子時，別卡在衡量想法本身的價值或想馬上搞懂背後思維的過程。通常最好的辦法是，先收集當下的想法或看到的文章，然後就去做下一件事。經過時間醞釀後你通常就會產生新見解，足夠的耐心才能夠讓各種規律自己慢慢浮現。

## 稻草堆彙整法#2 分組

將各種想法「分組」，是彙整想法、發現大主題的過程。

一旦開始收集點子，你就得開始辨識這些資料之間的關聯性。以下是能夠幫助你發現各種想法之間相似之處的幾個問題：

- 這些故事內容關於哪些族群？
- 這些故事揭露了哪些隱性的人類需求或人類行為？
- 這些故事哪裡有趣？可以做為哪些主題的事例？
- 資料中描述的現象如何影響不同產業？
- 這個故事有什麼讓人覺得有趣的特質或元素？

到這一個階段，你得避免單純用產業或主題來分類所有點子，而是應該用大家心中抱持的動機或是更廣泛的議題歸類收集來的點子及文章。目標是把這些內容以有意義的主題分類，之後再進行探討及剖析。

**收看稻草堆搜尋法的縮時影片：www.nonobvious.com/megatrends/resources**

稻草堆彙整法步驟二：將收集來的文章分門別類至可能的主題之下。

## 將點子分組的三個祕訣

從人類需求出發

**舉例說明：尋找想法的交集**

去年我收集了幾個故事，內容包括許多公司聘雇了自閉症員工、星巴克開設了幾家全由聽障員工營運的分店、時尚雜誌聘請更多患有白癜風（一種皮膚色素沉著的現象）的模特兒、市場上有更多由多元種族模特兒拍攝的商品照。即便這些故事各自關於不同的產業及受眾，但我還是將它們都歸類於同一個更廣泛的議題之下：「多元族群、失能族群及包容性。」我把關於白癜風時尚模特兒的故事整理過後放進二〇一九年版《洞見趨勢》裡的「創新產生的嫉妒」（Innovation Envy）章節，而關於聽障咖啡師的故事則放入當年的「企業同理心」（Enterprise Empathy）章節。我在本書第八章也會再提到這些故事，做為「人性化的體驗」趨勢的其中一部分內容。

有時候關注隱藏在故事或點子之下的人類情緒，可以幫助你發現它為何重要、如何與其它點子連結。例如：人類對於歸屬感的基本需求，正是大家在社群媒體上分享照片、參加網路社群、在網路上進行各種活動的動力來源。

### 辨識出明顯的趨勢

在洞見趨勢的過程中，辨認且欣賞那些明顯的趨勢也很重要。例如：你可以把顯而易見且存在共通性的事件的根本原因當成分類方法；假設你收集來的所有內容都跟新的穿戴式科技裝置有關，把新點子和文章歸類後就可以藉此辨識出隱藏在其中的洞見趨勢。

### 收藏不尋常的點子

在訓練自己更有觀察力的過程裡，你可能會發現自己慢慢發展出一種直覺，能夠感覺到某些故事的重要性特別顯著，即便你無法馬上歸納出原因，也應該擁抱這種直覺，並且一定要收藏讓你有這種感受的故事，透過直覺收藏的這些內容，通常要過一陣子重要性才會顯露出來。

## 稻草堆彙整法#3 提升

「提升」必須找出符合某一類別點子的潛在主題，來描述一個更大的概念。

完成前兩個步驟後，你可能會遇到我每年都會遭遇的問題：實在有太多可以繼續發展的議題了。如果你瀏覽了夠多的故事，就很容易碰到這種狀況；然而，這也是你需要下更多功夫的徵兆，而第三步驟將能幫助你。

提升的目標在於將數個想法的小分類結合成一個較大的類別，藉由這個較大類別來描繪可能更大也更強有力的洞見趨勢。跟其他幾個步驟比起來，我最常在這個步驟產生突破性的想法。

想提升某個類別的點子，可從問下列問題開始：

- 這個類別的點子哪裡最讓我感興趣？

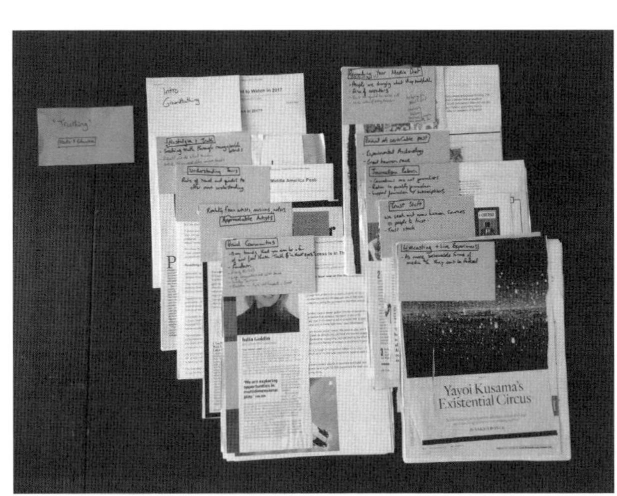


稻草堆彙整法步驟三：提升後的故事主題形成趨勢。

- 這些故事裡有哪些我之前沒發現的隱藏意涵？
- 這些故事之間存在哪些更廣泛的共同議題？
- 如何將來自不同產業的故事結合成一個想法？

這可能是稻草堆彙整法裡最具挑戰性的步驟。整合各個小分類的過程，可能會讓你在無意間歸類出主題更大、更具發展潛力，不過定義卻太廣泛、走向太明顯的議題。在這個步驟，你應該將目標放在找出能夠將許多文章、故事結合在一起，並且具備宏觀視野的點子。

**舉例說明：找到更大的議題**

幾年前我讀到有關汽車製造業者、電影院及電腦軟體業者都在試驗訂閱型態商業模式的文章。同時，我在觀察業者提供產品及服務的手法時，發現幾個不尋常的新點子；例如網路上的床墊業者、波特蘭奧勒岡食物分銷中心的故事。將這些議題提升成議題範圍更廣泛的點子後，我在二〇一五年提出「突破分銷模式」（Disruptive Distribution）的趨勢。

## 提升點子的三個祕訣

### 尋找共通關鍵詞

瀏覽每一個類別的點子和故事時，試著尋找可以呈現其中共通議題的關鍵字。舉例來說，我在收集跟創業精神有關的點子時，「快速」這個詞一直出現，不斷被用來描述提供給創業家的創業懶人包服務，這種經濟體系不斷成長，而這個關鍵字也讓我結合許多不同概念，辨識出「快速創業」（Instant Entrepreneurs）的趨勢。

### 結合不同產業

儘管我很謹慎避免以產業類別分類新點子，但有時候我在分組之後依然得到聚焦於單一產業的「稻草堆」。產生這種狀況時，我就會去找另一個以單一產業為主的分組將它們結合在一起。這種方式通常會讓我擁有更寬廣的思維，也能夠協助我擺脫之前一直不經意對某個產業投注過多關注的狀態。

### 跟著錢走

有時候趨勢背後的隱藏驅力，其實就跟能夠從這項趨勢賺錢的對象以及獲利模式有關。跟著錢走，有時候就能夠讓你找出新關聯。

## 稻草堆彙整法#4 命名

「命名」是一門藝術，為同一類別的點子找到平易近人又好記的描述方式。

為趨勢命名跟幫孩子命名有點像。你想破腦袋，就怕這個名字會被嘲笑一輩子，在避免這種顧慮的情況下，還要跟那個你覺得很適合的名字取得平衡。同時，一個好名字應該能夠傳達趨勢本身的意義，要夠簡單也夠好記。

趨勢命名得好，就能夠令人難忘，也會讓這項洞見趨勢脫穎而出，反之就會快速消失在人們的腦海裡。我的第二本書《惹人愛經濟學》（*Likeonomics*）就是因為書名取得好才一炮而紅，這個標題是我在二〇一一年所定義的一項趨勢。大家一看就能掌握這本書的主題——在跟自己喜愛的人打交道時，讓他人喜歡你非常重要。另外這個名字也因為很特別而引起關注。

為趨勢命名或許是稻草堆彙整法裡最考驗創意且花時間的一步。要想出好名字，首先思考以下問題：

- 這個名字有人用過，或是早已廣為人知了嗎？
- 這個名字在對話裡提起時好念嗎？
- 這個名字是不是不需要太多解釋就能夠讓人理解？你能夠想像用這個名字當作書名嗎？
- 名字裡的用字夠獨特，不落於俗套或是太普遍嗎？
- 名字本身是不是能以獨一無二的角度描述主題？

為趨勢命名時我會嘗試各種可能性；一開始先在便利貼上隨手寫下各種可能的名字，接著一一比較各種選擇。我也會讓忠實讀者、合作過的客戶試讀。在這些名字都經過完整檢討選擇後，我才會決定當年《洞見趨勢》裡的各項命名。以下有幾個過去洞見趨勢報告裡的名詞，是我最喜歡的幾個例子，另外也有些這些名字發展、挑選過程的背景故事。

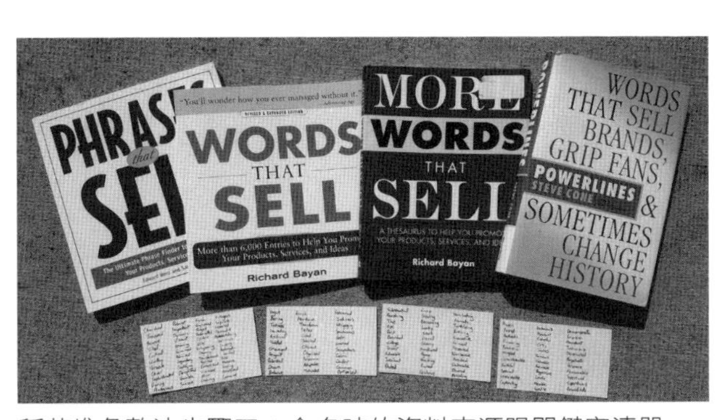


稻草堆彙整法步驟四：命名時的資料來源跟關鍵字清單。

## 舉例說明：命名的藝術

- 「虛擬同理心」（Virtual Empathy）（二〇一六——二〇一八）

有一段時間虛擬實境（*virtual reality*）是個熱門議題，其中隱含的意義在於這種技術可以提升大家的同理心；因此我將「虛擬」（virtual）這個字跟「同理心」（empathy）搭配，藉以喚起大家對這項重大影響的關注。

- 「懷舊的信賴感」（*Retrotrust*）（二〇一九）

二〇一九年許多人談論起有關懷念的議題，描述許多人嚮往過去時代的現象。不過「懷念」這個詞似乎有太多情感上的包袱，所以我選擇「懷舊」這個詞，跟信賴這個詞搭在一起，就能夠描述這個趨勢背後簡單的概念：現代世界裡大家越來越懷疑各種組織及品牌，他們習慣信賴自己以前就認識的公司和品牌。

- 「執著於生產力」（*Obsessive Productivity*）（二〇一四）

運用生活智慧的風潮興起也帶來無數指導大家讓每分每秒都更有生產力的文章，我注意到這些工具及建議已經走火入魔到痴迷的地步。為了突顯這項趨勢裡隱含的兩種性質，我將「痴迷」（obsessive）這個大部分人都會認為是負面字眼的詞與「生產力」（productivity）這個大家通常覺得很正面的字眼結合。

# 為點子命名的三個祕訣

## 結合字詞

必須將兩個詞或是兩種概念有意義的結合在一起。「惹人愛經濟學」（Likeonomics）就是「好感度」（likeability）跟「經濟學」（economics）的結合。這種技巧能讓趨勢名稱更好記也更獨特，但如果結合得不好，就會讓人覺得勉強或做作。此外，我沒把那本書叫做「信賴經濟學」（Trustonomics）還有別的原因，最好的字詞結合應該要好念，而且聽起來應該要盡可能像是一個真正存在的字。

## 壓頭韻

如果運用得當，壓頭韻可以讓名字更好記也更能歷經時間考驗；就像可口可樂（Coca-Cola），或是Krispy Kreme這些長壽品牌一樣。我在為「定義混亂的男子氣概」（Muddled Masculinity）（二〇一九）及「突破分銷模式」（Disruptive Distribution）（二〇一五）命名時，都運用了兩個相同子音開頭的字壓頭韻。就像上一個字詞組合的祕訣一樣，頭韻壓得不好，也會名稱聽起來很不自然，務必小心使用。

**尋找轉折**

運用常見的詞或是常用的字眼再加上一點轉折，就可以得到一個令人驚喜、與眾不同的名字。我最喜歡的例子就是我稱為「非完美」（Unperfection）（二〇一四）的趨勢；這是我發明的新字，在「不完美」（imperfection）這個詞上做一些小轉變，讓人覺得新奇又獨特。

## 稻草堆彙整法 #5 驗證

「驗證」需要尋找資料、發現故事、進行對話，來確認所收集的點子是否足以成為一種趨勢。

認為像趨勢這種靠主觀意見整理出來的思維可以得到驗證，似乎有點不切實際，但即便我是使用「驗證」這個詞來描述此步驟，更貼近實際的描述應該是「確認」洞見及結論。

稻草堆彙整法步驟五：團體合作驗證點子的例子。

我和團隊利用以下三個關鍵要素組成框架評估趨勢：趨勢的核心思維、造成的影響、加速程度。想要知道一項趨勢是否能經過時間考驗，可以透過回答以下問題詳細檢驗它的各項關鍵要素：

| 趨勢要素 | 實用的檢驗問題 |
| --- | --- |
| **1 想法**<br>優秀的趨勢靈感本身應該簡練、有意義卻不過度簡化的描述文化、商業或人類行為的獨特變動 | ↓想法本身特別到足以脫穎而出？<br>↓是否有人發表過關於這項趨勢的研究？ |
| **2 影響**<br>優秀的趨勢會讓人們改變行為模式，也能夠引領公司改變銷售的產品或方式 | ↓媒體是否開始報導這項趨勢，宣稱大眾及業界都開始據此改變行為？<br>↓是否有聰明又及早行動的公司開始想辦法應對這股趨勢？ |
| **3 加速程度**<br>優秀的趨勢通常都會快速影響商業、消費者及社會行為，並呈現持續成長的態勢 | ↓這項趨勢是否跨足多種產業界？<br>↓這項趨勢是否會在可預見未來中持續產生影響？ |

你可能會在「驗證」這個步驟裡發現某些趨勢想法不符合以上要素，請果斷拋棄這些點子。雖然很殘忍，但拋開這些點子將協助你進一步精鍊自己的洞見。

## 驗證想法的三個祕訣

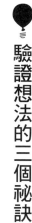

### 關注各種多樣性

我發現大家整理洞見趨勢時，常常只關注來自單一產業的內容。假設一項趨勢陳述了某種商業模式或消費者行為，就應該要有來自各種產業的案例支持這項趨勢。

### 注意自己的偏見

最容易影響判斷力的，就是在開始整理趨勢的時候，刻意尋找對自己身處的產業或生意有幫助的趨勢。許多過度簡化或產生基本錯誤的趨勢預測，就是從這種錯誤的出發點產生而來。洞見趨勢不該被用來自利。

### 使用可靠資訊來源

如果能尋找可靠的資訊來源支持自己的趨勢概念，就能在這個步驟獲得更好的成果。在實際操作層面來說，就表示各位必須盡可能從聲譽卓著的媒體資源、組織或學術機構收集文章。

## 彙整「透過精心設計讓人上癮」（Engineered Addiction）趨勢

現在你已經學會稻草堆彙整法的五個步驟了，就讓我們來分析我的團隊如何整理過去洞見趨勢報告裡的「透過精心設計讓人上癮」趨勢，藉以實際演練整個過程。

### 步驟一 收集

二〇一四年四月，我讀了一篇刊載於《滾石》的文章，一位名為阮河東（Dong Nguyen）的越南籍男性因為他創作的簡單手機遊戲「Fappy Bird」而爆紅。這個遊戲紅透半邊天，但開發者本人讀了許多報導後，發現上千人沉迷於這個遊戲而開始浪費時間，忽略實際的人際關係，甚至有其中一個案例是玩家因為沉迷於遊戲而失去工作。阮河東因為他創作造成的影響產生罪惡感，因此他決定把這個遊戲從網路上移除。我第一次讀到這個故事就知道它有其特別之處，所以我也收集了這則故事。

幾個月後，我讀了《鉤癮效應》（*Hooked*）這本書，書中探討矽谷的產品設計師創造出幫助人們建立習慣的產品。似乎完美描述了阮河東無意之間做到的事，所以我也收藏了這本書。

## 步驟二　分組

我開始將資料夾裡的點子分組時，發現這些故事有種規律，它們似乎都聚焦在某種成癮行為上。「Flappy Bird」的故事與讓人上癮的遊戲設計有關；《鉤癮效應》這本書則與創造讓人上癮的產品有關。將這兩個點子擺在一起，我關注的是在創造讓人成癮的體驗中介面設計可能扮演的角色。我把這些故事用釘書機釘在一起，並且加上一張標籤卡，用黑色簽字筆寫著「讓人上癮的設計」。這是我第一次嘗試描述這項議題，並且猜測了這項趨勢的內容。

## 步驟三　提升

退一步審視初步整理出的主題分組清單時，我發現其中有許多內容都有關「讓人上癮的設計」。其中一個小分類是我找到有關使用遊戲化技術來協助各年齡層的人學習新技巧的文章；我為這個小分類標記了「遊戲化學習」。另外一個議題則是來自《鹽、糖、脂肪》（Salt Sugar Fat）的靈感，這本書揭露零食的設計就是想讓人產生「饜足點」（bliss point），這種狀態模仿了大部分人在成癮時會有的感受。除了這本書外，我同時也收集了有關受歡迎的食物為何如此誘人的數篇報導，我將這個分類標示為「難以抗拒的食物」。

在提升原本的點子時，我發現「讓人上癮的設計」「遊戲化學習」「難以抗拒的食物」這三項獨特的想法或許就描繪了如何刻意創造令人上癮的體驗及產品的趨勢要素。我把經過提升的這幾個小組結合為一個大分類，並且稱它為「無所不在的癮」。

## 步驟四 命名

思考過這些想法後，我撇除了「讓人上癮的設計」和「遊戲化學習」這兩個範圍太窄的主題；「無所不在的癮」這個名稱則不是很琅琅上口，而且似乎暗示有更多人對更多事物上癮，但這個概念並非趨勢的主軸。最後這個趨勢的命名靈感來自尼爾·艾歐（Nir Eyal）的文章，在文章裡他描述自己是「行為工程師」。這個「透過精心設計讓人上癮」的概念，跟這項趨勢的內容一拍即合，因此「透過精心設計讓人上癮」就成了這項趨勢的名稱。

## 步驟五 驗證

我請團隊深入探討並驗證概念及命名的準確性，這些研究很快就帶領我們發現哈佛一項研究社群媒體成癮的項目；接著我們又讀到麻省理工學院的人類學者娜塔莎·道·舒爾

（Natasha Dow Schüll）的研究，她花費超過十五年的時間做田野調查，探究拉斯維加斯吃角子老虎機讓人上癮的設計。最終，我們在客戶的工作坊向大家分享這項粗略的概念，利用收集到的意見回饋來精進這個概念，並進一步印證。

「透過精心設計讓人上癮」在當年掀起一股風潮，很快就成為當時網路上最多人討論的趨勢。直到現在關於這項趨勢的討論依然持續存在。

## 避免關於未來的預測淪為胡言亂語

讀到這裡，我應該跟大家分享，關於趨勢預測可能一不小心就變成胡言亂語的潛在危險。

我們現在身處的世界常常遇到預測失準的情況：經濟學家沒預測到某些政策導致全球經濟衰退；電視上氣象報導誤判可能會下雨；商業趨勢預測大師分享了空洞的預測；這些預測要不是太顯而易見就是太天真。

我在寫第一版趨勢報告時，閱讀記者丹．加德納（Dan Gardner）的著作《未來囈語》（*Future Babble*），內容關於人類對於未來的著迷。他在書中分享了心理學家菲利浦．泰特洛克（Philip Tetlock）的研究，泰特洛克花費超過二十年的時間訪問各種專家，其中包括政治學者、經濟學者及記者。他收集了這些人對於未來作出的總共二七四五〇份預測。泰特洛特將這些預測與可經檢驗的資料進行分析，他發現這些預測的正確度跟隨意猜測的準確度差不多。加德納因此做出結論：「這些預測『似乎』有一半的機率會出錯，只是你不知道到底是哪一半。」

泰特洛特將預測錯得最離譜的那些專家稱為「刺蝟」——這些人過於自信、態度傲慢，時常辯駁自己預測出錯只是因為他們的預言其實「差一點就正確」，此外還緊抓著一種龐大、不變的思維不放。與這些刺蝟剛好相反的那些專家，對於自己預測未來的能力相當謙遜，並且能泰然自若的面對於不確定性，勇於批判自己的論點，也清楚知道自己提出的預測可能會出錯；特德洛克將這種的專家稱為「狐狸」，並說這些專家的特質在於有能力收集許多資訊來源、謹慎思考後才分享預測，在分享這些預測時保持謙遜心態。

加德納和泰特洛克點出一項重點：如果你想鍛鍊自己整理趨勢的技巧，就必須同時擁抱預測可能會出錯的事實。我也因此創造出本書的第三部——更新趨勢及進行評分的機制。我坦誠的跟大家分享，這些評分（特別是針對那些無法經過時間考驗的趨勢的評比）是因為我希望在提出每一年的洞見趨勢報告後，依然能夠誠實面對所有讀者，就跟對自己以及對我的團隊一樣坦白。畢竟，身為狐狸應該要坦然接受不確定性，也應該理解自己不可能永遠正確預測。我知道自己有時候會預測錯誤，而且我保證，你也一定會。

## 為何洞見思維如此重要

傳奇製片人賽繆爾．戈德溫（Samuel Goldwyn）曾說過：「只有傻子才預言未來。」他的精闢言論歷久彌新。

這本書有部分內容關於未來樣貌，也包含了十項必須受到時間考驗的預測。付出這麼多努力試圖預測接下來會發生什麼事，真的值得嗎？專注於當下，並且嘗試在事情發生時再儘快應對不是比較好嗎？

學習使用洞見思維預測未來有一項附加價值：它讓你更有好奇心，更有觀察力，也更了解周遭世界。稻草堆彙整法不僅僅能協助你整理趨勢，也能夠引領你發現各產業之間的交集，避免困在狹隘思維裡。使用本章列出的思考模式能讓你獲得絕佳的心態轉變。

奧斯卡．王爾德（Oscar Wilde）曾寫過：「預測無法預測的事物完整展現了現代人的智慧。」本書正是希望協助你透過注意到其他人都忽略的細節、用獨特的新方式彙整想法以描繪節奏越來越快的現代生活，來建立這種現代人的智慧。

下一章，我會帶領大家實際運用洞見思維及彙整想法的方法。無論你的目標是想賺更多錢、創業，或是在職場上追求卓越，第三章都能夠教你如何藉由善用洞見思維，贏得更成功的人生。

第三章

# 如何用洞見思維享受樂趣與獲利

趨勢就是尚未實現的獲利。

——馬丁・雷蒙（MARTIN RAYMOND），《趨勢預測指南》（*The Trend Forecaster's Handbook*）

大約十年前，全世界的酒保都開始提供一種特別的酒品，這種酒喝起來像是吃完肉桂吐司餅乾早餐麥片後碗底剩下的那些牛奶。這款酒品是烈酒商金賓威士忌（Jim Beam）的前銷售專員湯姆・麥斯（Tom Maas）想出來的點子。

麥斯花了數年時間發展一款以歐洽塔（horchata）為原型的奶酒，歐洽塔是拉丁美洲的傳統飲料，這款新酒品的名字就是以歐洽塔為命名靈感來源，這種酒混合了蘭姆酒、鮮奶油及肉桂和香草等香料的蘭姆洽塔（RumChata）推出時並沒有馬上大受歡迎。

不過，這款酒品因為喝起來像早餐麥片而開始引起大眾的注意。隨著這款酒精飲料越來越受歡迎，有人評論這種酒是「想喝點烈酒讓自己放鬆一下，但又不想喝到滿嘴酒精感的最佳選擇。」

到了二〇一四年，蘭姆洽塔結合新奇的推廣方式又獲得酒保們的大力支持，在美國價值一百萬美元的奶油基底酒品的市場賺取高達五分之一的市場份額。在某些地區，這款酒品的銷售成績甚至開始贏過同種類酒品中長久以來的領導者——帝亞吉歐（Diageo）的貝禮詩奶酒。到了二〇一九年，這種甜烈酒成為在社群媒體上最受歡迎的酒品，他們的 YouTube 頻道上有超過三千六百萬點閱次數。現在，業界專家認為這種酒既是調酒又是酒譜元素的特色而大受歡迎，可說是酒精飲料的跨界代表，改變了業界風貌。

蘭姆洽塔是結合了觀察消費者、理解他們的行為，以及洞見趨勢產生力量的成功案例。回頭來看，有三項文化趨勢大致可以解釋為何蘭姆洽塔這麼受歡迎：

1. 消費者越來越渴望幕後故事令人感興趣、品牌可靠的產品。
2. 電視上的飲食娛樂節目越來越多，人們產生更喜歡在家下廚和調酒。
3. 美國各地對於拉丁美洲的文化和傳承越來越有興趣。

當然，回頭把這些事情連結在一起很簡單，但即便我們能夠在周遭變化節奏逐漸加快的世界看到這些元素，卻無法總是立刻理解這些元素的實際價值。

然而，想要實現獲利，需要的不單單只是發現並描述趨勢；最重要的趨勢應該要能讓你實際行動。

## 思維的交集

洞見趨勢能夠為你判別應該考慮放棄現有的產品線，還是繼續堅持在尚未獲得成功的方向上，也能建議你應該把事業重心轉移到學習新技巧。找到思維的交集點就能讓你擁有接收這些訊息，並且做出結論的能力，這種思考方式能夠連結來自毫無關聯的各種產業之中截然不同的概念及價值，藉以產生新想法或產品。

以下為四種有效產生思維交集的方式：

1. 關注相同之處。
2. 勇於接受意外發現的點子。
3. 涉足不熟悉的地方。
4. 接納各種可能性。

### 產生思維交集：方法1 關注相同之處

可口可樂前執行長傑夫．唐恩（Jeff Dunn）成為Bolthouse Farms的總裁時，這家價值百萬美元的農產品公司曾藉由創造出「小胡蘿蔔」重新打造胡蘿蔔產業——五公分長的小胡蘿蔔使全美國的胡蘿蔔消費量翻倍。可惜的是，到唐恩接手公司時，一般胡蘿蔔和小胡蘿蔔的銷售量都表現不佳，因此唐恩找上了廣告代理公司Crispin Porter Bogusky（CPB+）來協助他改變局面。

這家廣告代理公司在發現小胡蘿蔔跟垃圾食物有許多相似之處時大為震驚。創意總監歐米德・法安（Omid Farhang）表示：「小胡蘿蔔有許多特點跟我們最喜歡的垃圾食物很像，他們的顏色都是鮮豔的橘色、口感爽脆、可以拿來沾醬吃、容易讓人吃上癮。」

利用這份見解，CPB+打造「就像吃零食一樣」的廣告，靈感來自快速消費商品公司的行銷策略。在廣告測試階段，市場銷售立刻就出現10%的成長。能夠產生這種出奇不意的想法，是因為法安的團隊能夠將來自一個產業（零食）的成功策略轉移應用至另一個產業（農產品）。這是關注相同之處以及應用思考交集帶來成果的絕佳案例。

## 產生思維交集：方法2　勇於接受意外發現的點子

一九八〇年代中期，成就世界上最受歡迎品牌之一的點子在米蘭誕生，霍華・舒茲（Howard Schultz）在一場貿易展代表當時主要銷售高級家用咖啡烹煮用具的星巴克出席，從旅館走到會議中心的路程上，舒茲因為一路上經過的義式濃縮咖啡店之多而大感驚訝，這些咖啡店為大家提供除了家裡和工作場合以外的第三種聚會空間。回到西雅圖後，他說服星巴克的老闆在城裡打造類似的零售咖啡店。多年後他從星巴克的老闆手中買下這個品牌，將它拓展至全世界。

星巴克的品牌成長相當驚人，但我覺得最啟發人心的一點是，這門生意是從舒茲很可能會錯失的一個意外發現而開啟。人們很容易錯過這種意外出現的點子，因為這種突然出現的想法看似與當下毫無關聯，似乎是分心的跡象；事實上，有時的確是這樣沒錯，但問題是，這些意外出現的點子不會清清楚楚標示著它是分心的結果還是意外的驚喜；想要獲得這些意外出現的點子，就只能將接受那些分心的時刻，當作是一種策略了。

## 產生思維交集：方法3 涉足不熟悉的地方

儘管在不斷拓展的媒體世界裡我們擁有各式各樣的選擇，但大家還是習慣看同樣的節目，上一樣的網站，讀同一種雜誌和報紙，因為這些是最熟悉的選擇。但如果大家不這麼做呢？如果你不這麼做呢？

第一章裡，我提到閱讀陌生主題雜誌帶來的樂趣，這是其中一種讓自己刻意注意陌生領域的手段。另一種方式則是刻意去某些你不熟悉的地點走走，不管是近在咫尺的街角，或是經過長途飛行都可以。

在不熟悉的地方走走是希望各位能走不一樣的路去店裡買東西，或是用走路取代開車到附近的餐廳，你或許有機會嚐嚐看用蟋蟀粉做的餅乾，也可能終於能夠仔細端詳那些你可能已經在無意間經過好多次的壁畫。

這些不熟悉的感受能夠打開你我的心智，讓人變得更有創新力量。四處晃晃能夠讓我們擺脫固定行程，接觸這些體驗。

## 產生思維交集：方法4 接納各種可能性

我一直住在城市裡。就像其他城市人一樣，我很難理解那些不住在城市裡的人到底在想什麼。在我的腦海裡，「鄉下人」似乎比較沒有文化、比較不具多元性也比較不開明；我人生中大部分的時間都抱持著這種想法，直到有天下午我終於意識到自己可能一直都想錯了。

那時是二〇一五年十一月底，我剛看完《飢餓遊戲》系列電影的最後一集。走出電影院時，我想到我很喜歡的其他科幻電影和電視影集如《星際大戰》《駭客任務》及《權力遊戲》，突然發現這些節目有一個共通的細節：它們都以具備英雄特質的平凡人為主角，這些人的教育程度通常都比較低，努力反抗那些見多識廣的統治階級的壓迫。在這些故事裡，鄉下人是好人，城市人則是壞人。突然間我才意識到，單單根據人們居住的地點就忽略他們的意見是一件多不公平的事。

這個世界一直鼓勵我們在覺得不安的時候躲進自己深信的價值觀裡。社群媒體的演算法為你我送上和我們意見相同的內容，網站的終端數據會預測我們可能喜歡的事物或是可能會點選購買的商品。政客則藉由指責別人的錯誤來證明自己的意見正確，把與自己意見不同的人視為敵人。

如果我們夠勇敢，願意改變自己的想法呢？如果我們願意讓自己被說服呢？如果，我們在聽到自己不盡同意但是很有說服力的論點時，是否能夠接納與自己觀點不同的人，不會輕易相信這些人就是蠢蛋？

有些觀點似乎真的會因為與個人價值觀太過衝突，以至於讓人覺得難以被說服。不過可以嘗試開放心靈思考跟我們不一樣的觀點，讓我們站在別人的立場，想像他們背後的故事、行為的緣由，就能從新的角度看世界。

## 開始用洞見思維閱讀本書

第一部分的前兩章內容都關注於使用洞見思維應該抱持的心態，以及彙整想法用以發展趨勢洞見的步驟。本章則開始建議讀者試著讓思維產生交集，找到各種點子之間的關聯並且發現新機會。現在我們可以開始關注如何將洞見轉變為真正的行動了。在開始以前，我想先提出閱讀本章節剩餘部分的另一種方式。考量到這些操作方法要在你已經有想要嘗試應用的想法時才會最有效，因此你可以繼續往下閱讀接下來會提到的各種建議；也可以選擇直接跳到第二部分〈洞見趨勢〉，先閱讀一個（或更多個）大趨勢，再回頭來讀這個部分，進一步學習使用以下提到的應用方式。

紙本書籍跟其他媒體管道相比的美妙之處就在於，讀者可以輕易的前後跳著閱讀。所以請依照自己的喜好，直接跳到第二部分或是繼續往下閱讀，一切由你決定。

## 運用洞見思維的五種訣竅

不管你選擇繼續往下閱讀，還是剛剛已經跳至大趨勢先睹為快……都歡迎回來！讓我們一起探討如何實際運用趨勢。

### 趨勢行動指南：祕訣1　與客戶產生連結

理解趨勢後，想要用它來提升與客戶的連結，就得先更全面理解客戶行為。客戶歷程地圖（customer journey map）就是一項很有用的工具，它以圖表呈現一般情況下客戶與你的產品或服務互動時在各個階段會產生的表現。客戶歷程地圖能夠協助你理解應該在客戶歷程的何處、何時應用趨勢，藉以提升客戶體驗並贏得客戶忠誠度。

下載洞見趨勢客戶歷程地圖請上：www.nonobvious.com/megatrends/resources

## 化趨勢為行動的指南：運用趨勢的五個祕訣

**與客戶產生連結**
帶來更多銷售額
以及客戶忠誠度

**分享故事**
讓行銷方式以及
銷售行為背後呈現的
訊息更有影響力

**隨時發展策略**
接受突破
並為未來做好準備

**加深公司文化**
提升員工的敬業度
並招攬人才

**發展個人職業生涯**
建立個人品牌，
增進個人聲譽

**案例討論：「策略性的引人關注」（Strategic Spectacle）（二〇一九）**

**•趨勢內容**

各品牌、產業及創意發想者越來越常訴諸各種驚人效果，來引起關注並吸引大家參與。

**•案例**

以燕麥殼製造牛奶替代品的瑞典品牌Oatly首次推出產品時，遇到了必須盡可能引起大眾關注的挑戰。過去大家從沒聽過「燕麥奶」這種東西，因此Oatly重新設計產品包裝，將重點放在能夠挑起顧客興趣的標語，例如：「牛奶給牛喝，燕麥奶給人喝。」這家公司在小眾雜誌裡投放文案吸睛的廣告，藉以打造品牌形象，並且舉辦世界上第一個不使用牛奶的咖啡展。Oatly尖銳的手法甚至讓大型奶製品產業對他們提起訴訟，他們也立刻將這起訴訟內容發布上網。種種事件引起大眾關注，也讓這個品牌一炮而紅。

## 趨勢行動指南：祕訣2 分享故事

極富感染力的故事能夠帶來消費者的支持。可惜的是，網路上各家公司的「關於我們」頁面大多充斥千篇一律的無聊內容。平鋪直敘的背景資訊跟吸引人的品牌故事並不一樣；真正的品牌故事應該要充滿情感和人情味。能夠激起大眾對於產品、品牌以及品牌訴求的信任感。

趨勢會影響你訴說故事的角度。你品牌訴求的初衷是什麼？消費者信仰的價值或是產業的哪些變動，能讓你的品牌在現今世界更有影響力？好的品牌故事就能回答這些問題。

**案例討論：「令人喜愛的不完美」（Lovable Unperfection）（二〇一七）**

- **趨勢內容**

由於大家都開始追求更個人化也更具人情味的體驗，各品牌及創意發想者都開始關注於使用個性化、獨特以及刻意營造的非完美形象來讓產品及體驗都更人性化、更真實、更吸引人。

- 案例

漢斯布林克平價旅館（Hans Brinker Budget Hotel）聲稱他們「四十年來始終如

一的令旅客失望，以跟普通監獄相差無幾的舒適程度為傲。」這間位於阿姆斯特丹的旅館行銷訊息相當獨特，他們自稱為「全世界最糟的旅館」，以差勁品質為賣點的廣告手法行銷超過十年，因此讓顧客形成反向心理效應：人們想試著住住看，親自體驗到底能有多爛。這個旅館品牌是品牌故事重要性的極端例子；這種行銷會奏效，是因為在歐洲旅遊而且選擇入住漢斯布林克旅館的背包客一般來說都不追求奢華的居住體驗，他們渴望的是日後可以跟全世界分享的好故事，而住在漢斯布林克旅館，難忘的體驗就是他們唯一可以打包票為住客提供的服務。

## 趨勢行動指南：祕訣3　隨時發展策略

運用趨勢可以讓你改變公司策略，不管是轉變商業模式、考慮延攬全新事業夥伴，也能協助你與預期以外的受眾連結。為領導者提供運用洞見趨勢規劃策略的建議時，我通常會鼓勵他們關注以下五個關鍵領域：

1. 目標：行動目的以及信仰價值。
2. 定位：與競爭者相比，你的品牌哪裡特別？

3. 商業模式：向客戶收費以及產生營收的模式。
4. 產品及服務：向客戶販售的是什麼？
5. 創新：你能提供哪些新產品或新服務。

**案例討論：「刻意的降級」（Deliberate Downgrading）（二〇一九）**

- **趨勢內容**

各種科技產品變得越來越複雜，消費者開始回頭追求更簡單、實惠或更實用的舊版本產品。

- **案例**

瑞士創業家佩特．奈比（Petter Neby）或許是唯一認為我們不必隨時隨地使用網路的手機製造商執行長。奈比注意到大眾越來越渴望在使用科技的同時找到與現實生活的平衡，他刻意創造了一款「不智慧」手機，這款手機沒有上網功能，只能打電話和傳簡訊。他的公司採取特殊策略，發展出簡約、優雅的產品，能夠「不干擾使用者的時間運用和注意力，同時發揮功能」，在其他競爭者都追求讓我們無時無刻保持網路連線時，這種特色更加脫穎而出。

## 趨勢行動指南：祕訣4　加深公司文化

跟你讀過的各種文章可能正好相反，想要擁有良好的公司文化，靠的不是提供免費食物、按摩或是乒乓球桌。各種職場問卷其實都顯示，大家在職場上最希望擁有的是跟同事產生真正的人際連結、覺得自己的工作有意義、對工作時間有足夠的主控權。運用趨勢有助於在上述所有部分上強化公司文化。

**案例討論：「媒體實驗與體驗」（Experimedia）（二〇一五）**

- **趨勢內容**

許多品牌會利用社會實驗及為顧客提供真實體驗來建立信賴感、以獨特嶄新的方式展現人類行為，並打造更真實、吸引人的內容。

- **案例**

Zappos在品牌經營初期主要銷售鞋子，他們為了讓消費者在網路上購買鞋子能覺得更自在，提供免費寄送退換貨的服務。為了降低退貨率，Zappos在公司建了攝影棚，錄製員工穿上自家鞋子的影片。受邀錄製這些影片的員工會覺得自己更有價值、受公司信任，也因此逐漸加深公司文化。只要在產品頁面加上這些影片，消費者就能更了解這些鞋子的特色是否適合他們。很快的，Zappos 收到的退貨數量和退換貨成本都下降了——這一切都多虧了讓員工向客戶分享真實體驗的公司文化。

想要提升公司文化，請回答以下問題來評估你目前的公司文化：

- 你知道公司的目標是什麼嗎？你是否相信這項目標？
- 你是否認為自己擁有足夠的工具及技巧來完成工作？
- 你是否認為自己受到公司信任，足以獨立完成工作？
- 你會推薦朋友來自己的公司工作嗎？
- 你跟同事共事的大部分時間開心嗎？

不論何時都很適合好好思考，當下的趨勢是否顯示出你的公司文化有某些層面需要做出改變。畢竟，如果你正打算聘雇許多新員工，或是許多員工在短時間內離職，對你來說思考這個問題都是首要任務。趨勢能夠影響你如何找到最佳人才並留下他們。

## 趨勢行動指南：祕訣5 發展個人職業生涯

除了在生意上有許多能夠應用趨勢的方法之外，趨勢也能為你個人帶來極大好處。對我自己來說，應用洞見趨勢對我的人生有深遠影響，它一路帶領我走到今天的位置。

「惹人愛經濟學」（Likeonomics）是我在第一版《洞見趨勢》裡發布的趨勢，啟發我在一年後寫作同名書籍。研究了二〇一三年首次發布的「出版夥伴關係」（*Partnership Publishing*）及「珍貴的印刷品」（*Precious Print*）兩項趨勢後，我成立了Ideapress Publishing（也就是本書的出版商）。二〇一五年的「主流正念」（*Mainstream Mindfulness*）趨勢引領我們的顧問團隊推行一系列工作坊；二〇一九年的「創新產生的嫉妒」（*Innovation Envy*）趨勢則成就了洞見趨勢創新訓練與高階主管教學計畫。

**案例討論：「激烈的女性覺醒」（Fierce Femininity）（二〇一七）**

- **趨勢內容**

強大獨立女性的崛起，重新定義了女性及傳統性別角色。

- **案例**

由於商業界排名不斷有女性崛起，她們在工作上打破了傳統的性別期待，因此各組織才發覺，目前並沒有足夠支持這些女性抱負的資源。女性同儕的網絡和女性團體意識到這項洞見趨勢後，開始鼓勵女性互相團結，並且提供可以讓女性向專業人士諮詢的場所，讓她們學習面對各種在職場上時常遇到的挑戰，並且由此創造新的商業合作聯盟，填補資源的不足。

趨勢可以協助你預測產業成長，培養知道客戶想要什麼的眼光，這樣就能在工作上針對合乎時宜的新產品或服務提出恰當建議。趨勢也可以幫你預見需求，因此能夠及時投入時間學習新技能。

以下是其他理解趨勢的方法，可以提升你在業界的聲譽與職業生涯發展：

- 用趨勢研究佐證點子，建立可信度。
- 與上級或客戶分享關於洞見趨勢。
- 與用策展手法彙整洞見趨勢的人（就像我這樣！）建立交情，藉以拓展人脈。
- 思考趨勢如何預測出哪些可能吸引人的產業或公司。

## 經營趨勢工作坊的四個祕訣

過去十年來，我幫助上千位創新者在公司組織裡將趨勢化為行動，轉變了他們的企業目標、幫助他們重新思考與客戶的關係、進一步採用行銷策略、努力扭轉企業文化。趨勢的潛在影響就像一股可以燎原的星星之火；但只有趨勢本身還不夠，只有在把趨勢當成做出改變的催化劑時，它才能發揮出最大的能量。

要達到這個目標，第一步通常是把在同一公司組織裡的適當人選聚集起來同時通力合作，以工作坊的形式聚集這些人。工作坊可以讓大家集中注意力，也提供參與者可以一同創新發想的框架。如果你能為你的團隊或客戶打造進行討論趨勢的工作坊，以下是能夠協助你在工作坊產生傑出洞見的四項關鍵元素。

## 趨勢工作坊：祕訣1 專業級的準備

花點時間熟悉待解決的議題，想一想目前已經嘗試過哪些解決方法？解決方法中哪些有效，哪些失敗？想要推動團隊做出真正的改變，需要提出哪些問題的癥結點？當前有哪些趨勢可以應用於公司團隊面對的困境或議題上？

## 趨勢工作坊：祕訣2 先抓要點，稍後評論

人們說：「集思廣益時每個點子都是好點子。」但事實並非如此。很可惜的是，我們不太可能在討論的當下就立刻分辨出所有點子的優劣，因此在討論公司業務能如何應用趨勢，或是在藉由趨勢發揮想法時，請鼓勵每一位參與者積極分享自己的想法。不需要在當下多花費時間和精力嘗試評論，稍後再進行這一步。

## 趨勢工作坊：祕訣3 採取「對，然後」的心態

即興演出的演員能夠成功合作、完成演出，是藉由跟隨當下表演的節奏，並建構在別人

的點子上自行發揮而構成演出，他們說：「對，然後……」接著加上他們自己的想法。這種添加想法的模式，正好也是工作坊真正能發揮真正效果的模式。假設有人想到如何運用趨勢的點子，請各位當下先試著接受並跟著發想，即便你覺得這個想法不太可能成功也沒關係；之後再試著加上自己的想法，讓這個點子更好。這種方式會為你帶來意想不到的成果。

## 趨勢工作坊：祕訣4 主持人必須不帶有偏見

通常我們會直接假設，與待解決的問題最有關聯的人最適合負責領導整個工作坊；但事實並非如此。其實最好的工作坊主持人，應該是能夠引領整場討論、讓對話不偏離主題、不帶偏見的問問題、帶動氣氛的人。他們也要有能力以專業角度做討論摘要，能夠重述決議執行的要點，並且確保所有花時間參與的人都了解工作坊目前的成果以及接下來的目標。

給小團隊或單打獨鬥的創業家的小叮嚀：即便你不是龐大團隊的一員，也可以利用工作坊的模式獲得絕佳討論成果。工作坊的好處就在於，即使只有兩個人參與，也能夠給你一段時間跳脫平時的工作流程，實際花時間針對未來制定策略。

## 打破趨勢

我們目前已經探討過心態、方法以及將洞見化為行動的關鍵，眼下還有在開始接觸大趨勢研究前應該觸及的最後一個議題——反趨勢。

你會在下一部中讀到有關各個大趨勢的故事，你可能在閱讀的當下馬上就開始想到與本書裡的趨勢正好相反的例子。這並不代表本書提出趨勢的程序出錯或不夠準確，這其實是真實人性的展現。

趨勢不像數學理論一樣擁有單一絕對的答案。

趨勢描述的是正在加速並且越來越顯著或風行的人類行為或文化改變，然而，趨勢裡也包含難以預期的人類行為因素，因此這些行為規則都可能有例外。

事實上，世界上一定會有與趨勢正好相反的異數存在，而這些與趨勢相反的表現通常是刻意為之。有些人或是品牌在發現趨勢後就會立刻開始嘗試正好相反的行動，刻意將自己與其他人或其他品牌區別開來。換句話來說，他們是故意將注意力放在「反趨勢」上。

我早期做趨勢研究時，這種反趨勢大大打擊了我的信心。如果看到有人做出與趨勢正好相反的事，我如何能聲稱自己的想法就是未來的趨勢呢？後來我終於接受趨勢並非法律，而是觀察的結果。

假設你看向窗外時街上大部分的人都撐著傘，應該就是下雨了。有少數人會沒撐傘就走在雨中，這些人可能是故意淋雨，也可能是因為沒帶傘而不得不淋得全身溼，但這些人的行為不會改變事實，對所有人來說確實在下雨。

彙整趨勢可以協助你活用洞見思維，也可以協助你辨識大多數人或競爭者的想法，好讓你能選擇策略性的做出與趨勢相反的應對方式。

我們無須盲目的跟隨趨勢；本書寫作的立意在於帶領讀者找到嶄新且與眾不同的思維，因此從這種角度來看，理解一項趨勢後將目標放在採取正好相反的立場行事，自然也是一種合理做法。

# 第二部
# 二〇二〇十大洞見趨勢

第四章

# 強化個人特質

全球颳起個人主義風潮，大家都更精心營造自己在網路上和現實生活中的形象，追求個人名氣，不過，由於個人身分暴露在目光之下，也讓每個人因為容易受到他人批評而變得脆弱。



中村郁男（IKUO NAKAMURA）七年以來都沒踏出房間一步。他是所謂的「繭居族」。繭居族是日文用語，用來描述那些（大部分是男性）至少六個月沒有離開家門、與他人互動的族群。其中有些人是因為無法融入社會或是無法迎合父母的期待而選擇遠離人群，其他人則是因為無法處理某些重大衝突而退縮。

攝影師梅卡．埃蘭（Maika Elan）在《國家地理雜誌》發表罕見的繭居族專題攝影及訪談，她提到：「在日本，一致性仍然是大眾相當重視的價值，個人聲譽及外貌被視為最重要的價值，在這種環境下，像繭居族這種無聲形式的反叛力量就出現了。」埃蘭的想法或許沒錯。繭居族時常被描繪為悲劇形象，但其實可以將繭居族的行為視為無法完美迎合日本社會要求的族群以無聲方式表達個人意識。

近來，南韓大眾開始以另一種比較健康的形式回應社會壓力。多年來，自己一個人出門被認為是只有邊緣人（韓文英語發音為：wangda）才會做的事。不過現在韓文開始出現新詞彙，用來描述以前被視為不適合單獨從事的活動，例如韓文發音為honbap的「獨自吃飯」，或是韓文發音為honsul的「獨酌」。我有位韓國同事說，因為大眾的接受度上升，才會有越來越多人願意單獨從事這些活動。

不管是日本繭居族的出現，還是在南韓獨自從事某些活動越來越受到歡迎，都是文化轉變為逐漸更重視個人身分的徵兆。

一九八一年起，開創性的世界價值觀調查（World Values Survey）研究者收集了七十八個不同國家國民的價值觀和信仰價值；其中一項關鍵發現是過去二十年來，幾乎全世界每個區域都颳起個人主義的旋風。這種全球變動導致「個人」的重要性增加；我們藉由大膽塑造個人特質（特別是在網路上的形象）加強自我的價值，但也可能因此使個人價值陷入危機。只要觀察最現代的數位自我表現形式——自拍，就能夠理解這種氛圍形成的緣由。

## 自拍的真相

幾年前在一個晴朗的春日，我和家人一起造訪亞利桑那州最受歡迎的景點——蹄鐵灣（Horseshe Bend）。這個地方在過去幾個月因為數名觀光客跌落山谷致死的悲劇上新聞好幾次。

我當天觀察現場遊客，就知道為什麼這個景點會造成這麼多起死亡事故。有個女孩坐在男友肩上，將相機高舉過頭，而她男友則是小心的站在懸崖邊保持平衡；他們就像其他許多人一樣，試著與背後的山谷拍攝完美自拍照。好險當天他們安全拍完照片，沒有傷亡。

大家竭盡所能拍攝最完美的自拍照然後上傳到網路上，以至於他們甚至願意冒著生命危險拍攝完美照片。自拍對大家來說這麼重要的其中一個原因是，自拍照能夠營造出自己希望不常見面的親朋好友看到的面貌。但是這種營造出來的形象真實度有多高呢？這就取決於各位看待這件事的角度了。有些人認為，社群媒體和自拍照能夠幫助我們表現出真實、獨特的自我特質；然而也有其他人則認為自拍照是讓整個世代變得無比自戀、自以為是、沒有安全感的元凶。獲獎記者威爾．史托（Will Storr）在他書名就是《自拍》（*Selfie*）的著作中探討了這項議題。

在《自拍》一書中，史托提出「自尊迷思」就是造成大家著迷於自拍和自戀的元凶，並且認為這也影響了我們營造網路形象的方式。他在書中寫道「想要適應像競技場一般，充滿各種不同個人形象的全新社群媒體領域，你得呈現出最完美的自我形象。你得表現得更有趣、更具原創性、更美、擁有更多朋友、寫出更機智的文字、擁有更正確的言論，而且最好還穿得很潮、坐在新奇的地點，還一邊享用健康、美味、有完美打光的早餐。」

根據史托的說法，這種要求自己達到難以企及的完美形象的壓力，可能就是造成罹患憂鬱症的比率高得驚人以及自殺率上升的原因——也是為什麼這麼多人渴求擁有完美自拍。從這種觀點來看，自拍反映了我們越來越需要受到認同的危險現象。

但不是所有人都這麼想。

## 自信展現自我

有些人則是以比較正面的角度看待自拍這件事，他們認為自拍不是因為不安全感而渴求外在認同的表現，其實可能是呈現更真實、有自信的自我特質的管道。

女性領導力（Girls Leadership）共同創辦人瑞秋．西蒙斯（Rachel Simmons）就對自拍抱持正面意見。她認為自拍是「女力的小脈動，也是展現女孩的自我展現。」二〇一五年，我提出了「自拍展現自信」（Selfie Confidence）趨勢，也同意她的見解，或許自拍被大家誤解了，或許自拍其實能夠為自拍者建立自尊心的能力遭到低估了？從這個角度來看，自拍可以說展現了個人的力量。

就如同西蒙斯另外提出的想法：「如果你把無數的自拍貼文歸類是因為這些人重視外在形象而表現出來的自戀行為，就會錯失看見女孩們練習自我推銷技巧的機會；相較之下，男孩們則比較被允許發展自我推銷技巧，自我推銷技巧未來在職場上協商加薪及升職時很有益處。自拍運用照片形式展現某些議題——我覺得自己看起來『美麗』『快樂』『逗趣』『性感』。你覺得呢？——這就是女孩們想傳達的訊息。」

我們很容易假設大部分的人都會傾向於用過於正面的角度描繪自我，然而，研究者指出，人們在社群媒體上的表現通常比你想像中來得誠實。從許多不同層面上來看，社群媒體公開的特性其實讓它更具可信度，因為每個人社群網絡裡網友都很有可能揭穿你的謊言。舉例來說，康乃爾大學的社群媒體實驗室發現，大學生建立自己的 LinkedIn 頁面時，似乎比他們寫履歷的時候更誠實。

研究顯示，比起讓我們成為自我中心的騙子，社群媒體其實可能賦予了我們在數位世界裡形塑自我特質的能力，我們能夠在網路世界裡掌控如何描繪自我。如果你有權力掌控自己的人生故事卻不當主角，那有什麼好玩的？

## 人人都想當明星以及網紅革命

戴爾．卡內基（Dale Carnegie）是知名作家，他的經典作品《讓鱷魚開口說人話：卡內基教你掌握「攻心溝通兵法」的38堂課》（*How to Win Friends & Influence People*）曾寫道，「在任何語言裡、對任何人來說，自己的名字都是最甜美、最重要的發音。」經過多年觀察後他提出見解，認為大家其實都想盡辦法追尋被認可的時刻，希望自己被理解、被欣賞而且能夠脫穎而出。在掀起個人主義風潮的世界裡，網路的出現讓大家比以往容易把握成名的十五秒（或者更短的時間）。我們可以為自己量身打造媒體內容，一躍成為演出的主角。

「寶萊塢新娘」是我在提出「人人都想當明星」（Everyday Stardom）趨勢時，首次針對大家越來越期待被當成明星看待的文化而提出的實例。許多寶萊塢電影裡都有誇張的歌舞婚禮場景，其中包括快閃舞蹈及情緒表現誇張的感情戲。這些夢幻婚禮因為有能夠拍出完美照片的表演而大受歡迎，於是印度有許多新人聘雇電影團隊為他們重現電影畫面，並且拍攝以他們為主角，扮演電影裡新郎、新娘角色的經典場景。

另外也有許多人在社群媒體上創作以自己為主角的節目，藉以經營可以延續更久的名氣。YouTube以及Instagram的出現讓一般人也能輕輕鬆鬆當網路節目的主角，他們可以針對自己喜歡的議題提出意見，拍攝時尚及美妝產品評比、開箱玩具或是遊戲直播，藉由這些節目內容累積觀眾群，因此而累積廣大觀眾群的人就會被視為「網紅」，這種獲得知名度的形式讓這些網紅在擁擠的網路世界成為大明星，並藉由廣告或贊助營利。

由於許多社群平台都開始出現媒體紅人，大家逐漸習慣自己在網路上當主角，消費者也開始期待各種規模的品牌都能創造出為他們個人打造的體驗，讓他們覺得自己也是VIP。

這種網紅產業圍繞著個人主義打轉，因此驅使更多人以及更多品牌注重個人身分，也想藉此引起大眾關注並進一步帶來經濟效益，但也因此出現了負面影響。

## 強化個人特質的負面影響

在個人身分逐漸被放大的世界裡，所有人都仔細打造自己展現在眾人面前的形象，但想要完全掌控這些形象有時候很困難；在數位世界裡因為網路身分通常都是完全公開的狀態，因此很可能會引起網路上的跟蹤者注意，或是導致個人成為批評攻擊、羞辱或是竊取身分的目標。即便我們小心掌握個人身分的主控權，還是會發現要瓦解網路上的個人身分有多麼簡單、網路世界的破壞力有多麼強大。

微軟研究員丹娜・博伊德（danah boyd，她刻意以小寫拼寫自己的名字）在她二〇一四年的著作《鍵盤參與時代來了！：微軟首席研究員大調查，年輕人如何用網路建構新世界》

（*It's Complicated: The Social Lives of Networked Teens*）裡探討年輕人如何探索棘手的網路世界。在網路世界裡，個人的名氣成為一種商品，她認為網路讓大家都能隨意匿名評論的特質，以及媒體時常批評名人、評論特殊人格特質的文化，導致網路上常常能看到有人以不友善的態度批評他人在網路上展現的自我形象，因此在現代世界裡，網路霸凌屢見不鮮，個人身分（特別是年輕人的個人身分）持續受到攻擊。

然而，當前我們不僅要面對那些惡意回應別人在網路上發布內容的人，如果我們在網路上的行為出了差錯，甚至會成為更大的攻擊目標。在《當眾羞辱》（*So You've Been Publicly Shamed*）一書中，作者兼紀錄片製作人強・朗森（Jon Ronson）為了探討為何網路攻擊變成一種常態，他訪問了曾因為違反某些規範而遭到大肆撻伐的人。這些與談者包含抄襲行為被記者揭露的作家喬納・雷爾（Jonah Lehrer），還有在南非旅行時發布包含種族敏感內容推特貼文的公關專員潔絲汀・薩科（Justine Sacco）。朗森針對當眾羞辱這種行為做出結論，我們「藉由毀滅那些踏出規範的人來定義所謂『正常』的界線。」

我們精心打造的數位身分不僅僅在他人的批評和羞辱下顯得相當脆弱，也因此暴露在被徹底盜用的危險之下。人工智慧換臉技術（Deepfakes）是指由人工智慧做出的超真實偽造圖片及影片，讓有意者可以在數位內容中直接插入我們的臉部影像，製作出維妙維肖的偽造內容。

有些工程技術人員則打造出有道德疑慮的演算法，藉由這項科技複製、重現人類的嗓音，製作出聽起來像是來自已故親友的音訊檔案。另外也有些人進一步利用這項技術，擷取過去的影片紀錄製作栩栩如生的全像投影，甚至讓已故的公眾人物看起來好像復活了一樣。舉例來說，以這種全像投影重新現身在觀眾眼前的藝人包括麥可・傑克森以及艾美・懷恩豪斯（Amy Winehouse），他們甚至還藉由這種手法舉辦巡迴演唱會，演唱會上會有真人表演者環繞著這些已故藝人的全像投影表演。

這些道德上存在疑慮的新發明興起導致全新產業出現，開始有些人致力於探討這種議題並且建立相關的基本規則，規範已故者的數位身分該為誰所擁有，以及該如何維持相關議題的道德操守。

即便強化個人特質的趨勢為我們的個人身分帶來許多風險，但還是存在龐大的好處。

## 被放大的希望

二〇一五年，根據《時人雜誌》（*People magazine*）報導，「美國人最新沉迷的事物」是一齣名為《超摩登家庭》（*The Keswanis: A Most Modern Family*）的網路劇集。這個住在加州的印度家庭成員包括「醫生老爸」安尼爾以及「星媽」薇莎莉，薇莎莉為了替在社群媒體上爆紅的兒子「大尼克」管理明星事業，放棄驗光師的工作。大尼克患有侏儒症，在網路上擁有超過二五〇萬名忠誠粉絲。這個真人實境節目的家庭還有另外兩名成員，分別是大尼克十五歲的妹妹莎琳娜，個性奮發努力、懷有野心的選美小姐，以及六歲的妹妹、「跨性別小公主」戴維娜。

這個劇集的出現展現出這個社會逐漸願意開始敞開心胸，擁抱那些跟我們不一樣、或過去身處文化邊緣的族群。我第一次寫到《超摩登家庭》這個劇集是在二〇一六年，當時我提出這齣劇集當作「主流的非主流」（Mainstream Multiculturalism）的例子，這項趨勢顯示出多年來都被視為「他者」的多元族群，終於在主流文化（特別是在娛樂產業及媒體產業）中獲得更多接納。

表面上來看，這項趨勢似乎與全球興起的仇外情緒互相衝突，然而的確有跡象顯示，近來這種仇外的情緒，其實很大程度上是受到想從中獲益的反移民民粹主義者以及抱持仇恨的政客搧風點火而高漲。這些人的行動並不能代表大部分人民的價值觀。事實上有證據顯示，與過去相比，人類其實越來越能夠接受他者。一項研究指出，在唐納·川普當選美國總統後三年，美國許多地區原有的種族偏見現象其實已開始消弭。世界價值觀調查更提出，認為如果鄰居和自己是不同人種會導致居住品質下降的人數大大減少，這是這項價值觀調查中，點出種族歧視價值觀的關鍵問題。

這種越來越接納他者的情況其實很合理，因為一旦我們開始強調自我價值也擁抱每個人的不同特質，更願意將自己的獨立人格特質與他人分享，我們就更能欣賞、接受甚至為他人的身分認同而歡欣鼓舞，對於那些在社會規範之下被歸類為邊緣人的族群來說更是如此，我們在二〇一七年提出的「驚人的邊緣人」（Outrageous Outsiders）這項趨勢也探討過這項議題。在這種氛圍下，強化個人特質的趨勢儘管會帶來一些風險，我們對於自己的個人價值或身分認同或許也會因此受到某些負面影響，但這已經是本書所呈現最正面的一項大趨勢了。

## 「強化個人特質」總整理

全球掀起個人化風潮，可以主動營造自我形象的各種方式也驅使我們花費更多時間思考如何呈現個人特質。不管是我們的 LinkedIn 個人頁面、推特貼文還是自拍照，我們的網路身分開始最大程度的呈現出我們的真實自我，不過這也或許其實是我們小心翼翼打造出來的樣貌。

就像其他許多大趨勢一樣，「強化個人特質」可能會同時帶來正面和負面的影響；正面影響在於，這項趨勢的特性強調關注自我，能夠激發過去在社會上影響聲量很小或是被視為邊緣人的族群的影響力。不管這些族群在網路上是否活躍，他們現在得以運用網路呈現自己的正面形象，也能夠讓大家接收到這些正面特質；負面影響則在於，在強調自我特質後，人們可能會因此變得更加自戀，更容易成為他人目光下的批評目標，也會暴露在身分被盜用的風險之下。

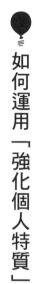

## 如何運用「強化個人特質」趨勢

### 克服對於「自戀」的偏見

針對數位身分興起最常出現的批評聲浪，就是這可能創造出一整個自我中心的新世代，這個世代的人無法對他人產生同理心。如果你不是這自拍世代的一員，很可能會批評那些花費大把時間在社群媒體上的人空虛又自戀。與其批判、不屑各種數位工具及平台，我們其實應該銘記在心，大部分社群媒體活動的核心價值都是來自尋找個人身分並與世界分享自我的渴望，這種心態再平常不過。這不是自戀，這是人性。

### 考慮身分差異

由於我們的個人身分及人際關係都逐漸轉移到網路上，透過數位平台分享更多個人特質將變得相當普遍，甚至會成為人際互動中必要的行動。但是那些比較在意隱私並且對科技感到反感的人可能會因此感到相當困擾，刻意不使用網路身分的族群以及全心擁抱數位時代來臨的族群之間，將會產生文化層面的分歧。這種現象需要我們學習以新的同理心包容，努力接納不想強調個人特質，但同樣需要社交互動、渴望參與人際關係的族群。

## 協助他人管理個人身分

由於強化個人特質的意識高漲，我們會開始尋求專家協助自己打造個人身分（特別是網路身分）。如果你想尋找新的職業選擇，或許可以考慮從人生導師、生活風格大師以及其他心靈成長顧問等等即將蓬勃發展的相關產業尋找機會。未來會有越來越多以前你我沒見過的職業出現，例如：為身故者保管數位遺產的「數位遺產管理師」。目前軟體顧問及律師都開始涉足這項協助他人管理個人身分的產業，藉由創造新工具或是起草法律文件，回答關於網路身分及隱私的各種疑問。

# 「強化個人特質」的變革：

## 回顧與此趨勢相關的過往趨勢

**自拍展自信（二〇一五）**

因為能夠在網路上分享自己細心打造的人格特質，導致人們開始使用像是自拍（沒錯，就是自拍）這樣的社交內容來成就自信。

**人人都想當明星（二〇一五）**

個人化現象不斷成長，導致越來越多消費者期待自己在日常生活裡遇到的各種互動，都能變成一種明星級的體驗。

**比照個性打造（二〇一六）**

由於測量人類行為的工具會逐一比對每個人人格特質的細節，各品牌開始使用這些資料，將思維相近的人聚集起來，為消費者打造獨特體驗。

**主流的非主流（二〇一六）**

因為多元思維互相結合，娛樂界開始越來越接納多年來遭到忽略的多元文化族群，各種產品的設計及政治界人士也逐漸看到這些族群的需求。

**真心追求名氣（二〇一七）**

新一代的創作者成為真心追求名氣的族群，他們使用社群媒體來建立自己的品牌、累積觀眾，試圖成為下一號大人物。

**驚人的邊緣人（二〇一七）**

過去被視為邊緣人的族群開始崛起，他們逐漸願意現身說出驚人言論或做出引人注意的舉動，藉以獲取關注及影響力。

**斜槓怪才（二〇一七＋二〇一九）**

由於個人主義在全球興起，各年齡層的人都開始關注讓自己更獨特的事物，並且根據自己有熱情的事物開啟斜槓身分和事業，逐漸更能接受彼此與眾不同的特異之處。

**「強化個人特質」**

第五章

# 打破性別框架

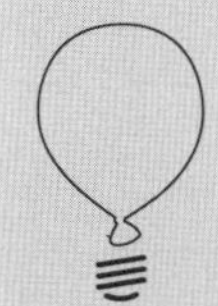

傳統的性別分野及標籤被打破，大家願意更有彈性的接納性別身分的差異；大家也重新衡量在職場上看待員工、客戶、品牌及彼此的方式。

我剛好快寫完二〇一七年第七版的《洞見趨勢》時，收到一封電子郵件，有一個我沒看過的簽名檔吸引了我的注意。寄件者的姓名和頭銜下面還有一行字：「請以『他們』來稱呼我。」幾天後，我又收到一封另一個人寄來的信，信末也有類似的簽名檔：「請以『她』來稱呼我。」我立刻意識到，這種新的簽名檔形式，就是我多年來追蹤的性別身分變動趨勢產生的新現象，剛開始追蹤這種性別身分變動現象時，我甚至還沒開始做二〇一一年第一版的趨勢報告。

二〇〇八年，我即將完成第一本書《品牌個性影響力》的研究，在網路上搜尋有關走在時代尖端的成功商界人士故事時，發現男性商界人士的故事比女性商界人士的類似故事更容易找到。為了彌補這種不平等，我發起了「人格特質計畫」（Personality Project），計畫的重點是四十位成功女性的故事。從這個計畫獲得的洞見引領我在二〇一三年發表了第一項與性別有關的趨勢——「女力崛起」（Powered by Women）。

從那時開始，我們過去對於傳統性別角色的理解就開始受到挑戰、逐步瓦解。過去性別曾只是二元化的選擇，一個人要不是女性就是男性。雖然我們對於傳統性別角色的認知從一九七〇年代起就已經開始出現轉變，但我收到的電子郵件裡那種簽名檔即便放在十年前還是會令人難以理解。

但世事變遷快速，二〇一四年初，Facebook 將以往在個人頁面上有限的性別選項擴大，囊括了五十八種不同性別選項。在這項新功能出現不到一年，這個社交平台的性別選項清單又成長至超過七十種選項，包含了讓使用者自行填入性別標籤的選擇，使用者也可以選擇直接放棄填寫性別。

三年後，《國家地理雜誌》花費一整期的篇幅來討論「性別革命」，後來更發展成由記者凱蒂·庫瑞克（Katie Couric）製作及講述，有關性別身分的紀錄片。她針對性別議題訪問了科學家、心理學家、社會運動人士、作家以及許多家庭，也在紀錄片中提出例如「性別是什麼？」「雙性人是什麼？」「我們需要多少種性別分類？」等等各式各樣的問題。

這部紀錄片並沒有針對以上問題提出任何肯定的答案，但它的確指出許多人不再認為性別應該是出生當下就決定的標籤。反之，越來越多人接受性別可以是一種選擇，我們可以依據當下自己的狀態選擇性別，性別身分在人的一生中甚至會產生改變。此外，用來描述性別的詞彙也大幅增加，包含了如「非二元性別」「無性別」「非常規性別」「流動性別」「跨性別」「無性戀者」以及「多樣化性別」等用詞。

我們現在身處「打破性別框架」的時代。過去陰性和陽性角色的刻板印象逐漸遭到替換，傳統的性別標籤及角色在以前是直接根據人體性徵決定，現在這樣的分別已經不那麼有意義了。這種對性別身分概念的改變也轉變了我們看待事物的觀點，例如我們在購買產品時性別區分在產品本身所扮演的角色、性別身分導致我們傾向於享受哪些體驗，甚至是我們如何定義自己。

對越來越多公司組織來說，大眾對性別身分概念的轉變導致企業必須開始從根本重新形塑行銷手法、推銷產品時的基本假設（例如：男性與女性的尺寸）以及產品本身傳遞的訊息，企業也必須重新打造提供服務，甚至是分類產品的方式。

## 激烈的女性覺醒運動

過去十年來在影劇界及出版業，強大的女性角色越來越多。暢銷反烏托邦青少年系列書籍如《飢餓遊戲》（*The Hunger Games*）及《分歧者》（*Divergent*）就以強大的女性領導者角色為主角。《女孩站起來》（*Girl Rising*）及其他獲獎紀錄片啟發全球開始討論女性教育的重要性。而劇情內容包含文化變動的電視劇集例如《勁爆女子監獄》（Orange Is the New Black）和《權力遊戲》（Game of Thrones）中都有性格設定複雜的女性角色，她們隨著劇情歷經了個人身分的種種蛻變。這些角色的出現反映了女性對於自身角色及陰性特質的定義。我在二〇一七年的「激烈的女性覺醒」趨勢曾提及這種現象。

另一個例子則是名為《普里亞的力量》（*Priya's Shakti*）的圖像小說。即便是以超級英雄故事的標準來看，普里亞的故事也算是相當暴力。這部漫畫在二〇一四年的孟買漫畫電影節（Mumbai Comic and Film Convention）上推出，故事圍繞著被輪暴後倖存的村莊女孩普里亞，她踏上致力於阻止男性對女性施暴的旅程。這部圖像小說剛推出時在網路上的下載次數就超過五十萬次，書中強大女英雄的大膽形象啟發了新一代的女孩。

在《普里亞的力量》出版後的幾個月，#MeToo 運動席捲了網路世界。這個標籤成為女性公開分享在職場受到性騷擾或性暴力經驗的高聲疾呼。在 #MeToo 運動大受矚目後一年，《紐約時報》計算出大約有兩百名位高權重的職場男性因為遭到公開指控曾犯下性騷擾罪行而遭公司開除，這些男性的職位其中有一半轉而由女性擔任。暢銷作家兼編劇吉莉安・芙琳（Gillian Flynn）在一次訪談中指出：「女性終將覺醒，因為她們終於發現心裡的那股憤怒，她們找到賦予自己力量的方式並起身反抗。」

一九七〇年代，對許多人來說女性的理想形象是「出得了廳堂，下得了廚房」，能夠兼顧工作、家庭，並將種種家務處理得當。在這之後女性開始因為「善於同時處理多種事務」的特質而受到讚揚，社會也期待女性能夠在職場及家庭都達到超乎想像的高標準。但這些形象現在已快速的被強大到理直氣壯的女性角色模範所取代——女性本來就能夠擁有強大、嚴肅的特質。她們可以選擇成為母親，也可以選擇「空巢」（otherhood），作家梅蘭妮・諾特金（Melanie Notkin）用「空巢」這個詞來描述那些主動選擇不生小孩或是「間接不孕」（沒遇到適合的對象）的女性。現代女性結婚年齡延後，女性追求高等教育的人數比例高於男性，女性創業者也越來越多，芙琳指出，女性開始「自己追求一席之地」，而不像過去靜靜等待他人為她們選擇定位。

雖然這種關於女性及陰性的變動已啟動超過十年，針對男性及陽性的對應變革則近來才開始出現並逐漸加速演變。

## 定義混亂的男子氣概

我讀中學的時候最喜歡的書是《甜蜜谷高校》（Sweet Valley High）系列叢書，故事內容圍繞著住在虛構城鎮加州甜蜜谷的金髮雙胞胎姊妹潔西卡及伊莉莎白．威考菲。這種「青少年喜劇」書籍在一九八〇年代風行一時，因為這類型書籍的相當有魅力，也讓年輕讀者（特別是女性讀者）選擇看書而非看電視。這一系列叢書的作者佛朗辛．帕斯卡（Francine Pascal）在《洛杉磯時報》的訪談中表示：「事實上，男孩子的閱讀習慣通常會維持到十二歲左右，接著他們就開始一天到晚往外跑，直到十八歲左右才會重拾閱讀習慣。」

我記得青少年的我也很愛往外跑，但每次只要待在家裡，我就會閱讀潔西卡跟伊莉莎白的浪漫旅程。我也記得每次去圖書館一次借五、六本《甜蜜谷高校》回家時那種有點丟臉的感覺，男孩子借這種書畢竟有點怪。我確定不只一次，圖書館員應該覺得我是替我那不存在的姊妹借書回家。男孩子讀有關愛情、戀愛關係以及校園裡上演的八點檔劇情的書？這的確比較少見。

從那時開始，雖然我們對於女性性別身分的觀點產生急遽變化，但我們依然不太了解男子氣概、父親身分，對於這些性別角色的認知也過於單一。經過證實，男性遭遇的這種不自在感受導致現代的男人、男孩都對於「怎麼當個男人」抱持著焦慮感，我們在二〇一九年的趨勢報告裡提出的「定義混亂的男子氣概」趨勢印證了這種現象。

二〇一八年六月，FiveThirtyEight 民意調查網站安排了一份問卷，共有一六一五名自我認同為男性的成人接受問卷調查；FiveThirtyEight 希望歸納出近來在 #MeToo 運動後，媒體針對職場上的性別不平等及性騷擾投入的關注，是否改變了男性對於何謂男子氣概的想法。調查顯示有點矛盾，53％接受調查的男性認為，別人認為他們很有男子氣概很重要；49％的男性則指出在約會時他們一定會試著幫對方付錢；而有超過一半接受調查的男性則認為，在 #MeToo 運動的影響下，在職場上身為男性對他們來說比較不利，因為男性「被指控性騷擾的風險較大」。調查結果指出，即便男性開始認知到性別角色及職場的性別不平等，但許多男性依然感受到自己必須遵守傳統且過時的男性理想形象的社會壓力。

在《大西洋》（*Atlantic*）雜誌一篇鏗鏘有力的文章裡，作者莎拉・李奇（Sarah Rich）提出假設，僅僅藉由賦權給女孩們來達到性別平等，其實不經意加強了一種想法——女孩如果更具備傳統上有男子氣概的行為，例如果決、勇敢，就會更成功；而男孩子如果更具備傳統上陰柔的行為，例如善良、合作，則比較不會成功。李奇的結論是：「如果學校師長和家長都向孩子傳遞『男孩子氣的女孩是狠角色，但陰柔的男孩就很丟臉』的這種訊息，等於是在告訴孩子們，社會比較看重男子氣概，輕視陰柔氣質。」男孩子接收到這種訊息後，就會加深自己已經混亂的價值觀，讓他們認為當男孩子只有一種方式（此外，再進而延伸就是只有一種方式能表現自己是男人），而這種表現男性身分的舉動不包含從事任何讓人覺得「女孩子氣」的活動。

這代表了什麼呢？很令人惋惜的是，即便到了今天，年輕男孩到圖書館借《甜蜜谷高校》，或許還是會讓某些人看不下去。

## 身為男性的困惑

現代男性會對於所謂男子氣概感到困惑，其實大部分是來自媒體及文化的刻板印象推波助瀾所致。在女性從各種廣告獲得更多女性培力的訊息時，男性則發現他們依然被描繪成不稱職、只會猛灌啤酒、可愛的笨蛋、只對玩樂有興趣的形象。雖然對於這種刻板印象的不滿聲浪四起，這些廣告依然存在。近來MDG Advertising做了一項調查，發現有85%的父親認為自己比那些廣告裡聲稱的形象懂得更多；而有74%千禧世代的父親則覺得，這些廣告商和行銷人員根本「跟不上現代家庭結構變動的腳步」。

然而，已經有某些廣告商開始注意到這一點了：芭比娃娃現在同時向女孩和男孩行銷產品，清潔劑品牌汰漬（Tide）則請來知名的國家美式足球聯盟四分衛德魯．布里斯（Drew Brees）在廣告上洗衣服，巧妙的將這位傑出四分衛定位為家庭裡的「家務設備管理經理」。但這些在媒體上出現、小部分進步的形象還不足以改變整個局勢，例如職場的整體氛圍就還沒跟上現代家庭結構變動的腳步。經過數十年爭論以及努力拋開媽媽就該待在家裡顧小孩的刻板印象後，我們的文化還沒認真討論過「工作狂老爸」這種父親應該朝九晚五工作（或者忙到更晚）的形象。

即便到了現在，皮尤研究報告（Pew report）指出在雙薪家庭裡，父親還是被期待應該身為主要家庭經濟來源，母親則被賦予應該同時兼顧工作、帶小孩去看醫生以及採買家用品這種與現實不成比例的期待。許多公司的環境氛圍都反映了這種性別角色的期待，即便公司政策允許，公司文化也通常比較不能接受男性為了參加孩子學校的活動而提早下班。

「炫耀自己最近換尿布的豐功偉業不是男人聊天時會談論的話題。」布列特妮．拉凡．貝克曼（Brittany Levine Beckman）在Mashable網站寫道，「男性甚至只是請育嬰假都會被視為是弱者的表現。」這種現象產生的結果就是，雖然大眾期待男性對家庭提供更多支持，而且男性本身也願意與伴侶各自擔任平等的家務分工角色、樂於為父親身分付出更多情感，但因為職場文化仍不夠具包容性，讓這些男性必須在家庭與職場之間苦苦掙扎取得平衡，也因此讓他們更難以將家庭放在工作前面。

## 睪固酮或許被高估了，為什麼？

多年來，男性和女性本質上有所區別的這個想法在各種事物都可以窺見，從單人脫口秀的橋段到婚姻諮商的方法都融入這種思維。總而言之，大家都覺得男性和女性生來就不同，或者如同約翰．格雷（John Gray）一九九二年出版的那本大受歡迎的著作的書名：《男人來自火星，女人來自金星》（*Men Are from Mars, Women Are from Venus*）。但如果事實上並非如此呢？

心理學家柯迪利亞．法恩（Cordelia Fine）教授以及其他知名研究者都將這種思維視為一種令人難以接受的腦神經性別歧視。在法恩二〇一〇年的著作《性別錯覺》（*Delusions of Gender*）以及二〇一七年的著作《睪固酮稱霸：關於性、科學及社會的迷思》（*Testosterone Rex: Myths of Sex, Science, and Society*）中，她對於男性和女性大腦天生不同這項假設提出質疑。更明確來說，她對關於睪固酮的普遍理論提出異議；一般理論上認為，因為男性大腦裡睪固酮的含量比女性多上許多，所以男性和女性各有其擅長做的事。她認為這套理論可說是幾乎所有性別刻板印象的基礎，這些性別刻板印象包括男性更擅長邏輯思考，女性更有照顧本能；男性更果決，女性更擅長合作。

法恩的想法相當跳脫傳統，因此有些人認為這種說法是針對性別角色的攻擊，也是對於這些批評者自我身分認同的抨擊。在《睪固酮稱霸》出版後半年，亞馬遜書店上有近半數的書評都只給這本書一顆星的評分，這種異常低迷的評分，很可能反映了讀者對於作者提出的研究產生兩極化的政治性回應，但其實並未顯示出這本書真正的價值。法恩的著作只是其中一項跳脫兩性身分理解、串連及談論性別議題的例子。

## 性別X

即便非二元性別身分的概念似乎還沒成為主流，但它的崛起已經有跡可循，這種過去時常被誤解的性別標籤在全球已越來越受到主流族群接受，有更多人理解每個人的性別身分不一定跟身體性徵一致。

新生兒的生物性別在出生時就根據寶寶的性器官決定了，然而社會學上的性別對許多人來說則是身分認同上的抉擇；它代表的是你用哪種性別身分看待自己，以及你如何跟這個世界產生社會性的互動。有越來越多人認為，社會學上的性別不應該是一個單數的詞彙，而應該是一道光譜，其中的變化端看大家如何向這個社會展現自己。強納森・凡奈斯（Jonathan Van Ness）是Netflix節目《酷男的異想世界》（*Queer Eye*）的主持人之一，他在《Out》雜誌的訪談中提出針對社會學性別的絕佳觀點：「我自己的性別身分認同是非常規性別；也就是說，我有些時候會覺得我是男人，但有些時候我又會覺得自己是女人。」

在本書寫作的同時，美國有超過十個州通過法令，允許個人可以在駕照或身分證上選擇中性的性別X（這是在男性M和女性F以外所使用的字母）。過去十年來，有十幾個國家（包括澳洲、德國、加拿大和印度）也允許在護照上有第三性的選項。

全球各個國家越來越能接受非二元性別的性別身分，公司行號和各品牌也透過重新形塑產品及體驗回應這種趨勢，藉以適應這個「打破性別框架」的新世界。

## 去性別化消費

二〇一六年，CoverGirl宣布了他們首位男性代言模特兒是十七歲的詹姆士．查爾斯（James Charles），他拍攝的照片馬上引起話題。僅僅兩年後，香奈兒也推出了該品牌第一個以男性為目標族群的化妝品系列——Boy de Chanel。倩碧（Clinique）、Tom Ford、Glossier以及其他品牌跟上了這股趨勢，美妝產業的其他品牌想來也很有可能跟隨這股風潮。根據美國聯合市場研究（Allied Market Research）顯示，男性個人護理產品市場的市值預計將在二〇二二年達到一．六六億美元，每年成長率將超過5%。

為兒童打造的產品，如衣物、玩具以及家用品，也開始避免無意義的為產品區分使用者性別；而且因為有來越多人不喜歡用粉紅色及藍色區分性別的品牌及產品，因此許多玩具製造商開始創造更中性的包裝，也避免賦予產品性別形象，特別是那些目標族群為學齡前兒童的產品更是呈現這種趨勢。

然而，這股玩具轉變為性別中立產品的現象也並非總是毫無阻礙，就像二〇一二年樂高推出了備受爭議的 Friends 產品線，這款為女孩子設計的系列產品一推出馬上就引致批評聲浪；家長和記者都很想知道，究竟為什麼女孩子會需要特製的粉紅色樂高。樂高公司並沒有立刻恐慌的宣布回收產品，而是讓大眾知道他們早已進行了許多研究，這些研究提供了支持論點，讓大眾理解為何樂高要特別為女孩子系列產品（他們花費四年時間訪問全球四千五百位女孩和母親），樂高公司同時也向大眾解釋這 Friends 產品系列的優點。

樂高 Friends 系列產品會大獲成功就是因為消費者認同了樂高的說法，這系列產品也為公司帶來了創歷史新高的收益，並且成功吸引更多女孩購買這些塑膠方塊和人偶，對於這家成立超過八十年的品牌來說，這次事件無異是一大挑戰。

這一系列的產品設計得很符合「傳統概念裡的女孩子氣」，然而卻一炮而紅，這表示我們依然很難簡單、直接的將性別角色與產品定位分開。畢竟，孩子們從嬰幼兒時期就開始接受身為女孩和身為男孩該怎麼表現才會被接受的社會暗示。偏見需要時間，甚至時常需要好幾個世代才會產生改變。

不過也有跡象顯示這個轉變過程正在加速。根據廣告業巨頭 JWT 研究團隊的近期調查指出，「Z世代（一九九五至二〇一五年出生的族群）有82%的人認為『性別對於定義一個人的重要性已經不如以往。』」這個世代的年輕人似乎已經不願意接受過去附加在個人身分上的傳統性別角色帶來的限制，更別提讓這種區別限制他們應該選擇享受那些喜好、愛上誰了。

換言之，未來已經掌握在那些不在乎傳統性別身分的世代手裡——以及那些能夠擁抱同樣思維的人手中。

## 「打破性別框架」總整理

或許沒有其他趨勢能像性別身分認同一樣為我們文化的基本層面帶來這麼劇烈的衝擊，也對於我們生活的面貌、與他人產生連結的方式產生如此巨大的改變。當性別不再是如何過生活的首要顧慮及限制生活方式的框架時，同樣的也會我們帶來困惑，但這也是願意重新打造自我的人的大好機會；他們能夠重新創造商品、重新審視在職場上與團隊、客戶以及彼此的互動模式。

在某些情況下，由於部分應變速度比較緩慢的企業領導人及品牌會錯失機會或執行錯誤行動，敏感的消費者很快就會發現這些問題並引發爭議。從正面角度來看，這種現象能帶來許多新機會，為過去曾有性別區分的產品及體驗打開市場，藉以迎接更多元的消費者族群、培養更具包容性的職場，也能藉此從那些將性別視為一種光譜且更多元的角度獲益，不再局限於傳統二元性別角色的選擇。

## 如何運用「打破性別框架」趨勢

### 去除不必要的性別區分

在人們享受的各種體驗裡，開始重新發現性別身分所扮演的角色，以包容心和同理心為出發點創造的產品和服務才能獲得成功。仔細審視你提供的產品和服務，務必特別注意包裝和行銷手法，思考如何去除不必要的性別區分，讓產品和服務兼具包容性及開放心態。

### 鼓勵不毒害人心的「男子氣概」

在男人或男孩因為興趣或好奇想探索傳統上比較陰柔的事物時，避免立刻批評他們；反之應該多加鼓勵他們親身經歷這些體驗。為了加強這種體驗，也可以考慮利用跳脫傳統的圖像及訊息來描繪男性與女性之間的關係，藉以為他們建立不會毒害心靈的男子氣概，以確保男性（特別是男孩們）能感受到他們確實可以愛自己所愛、以更開放的心態分享情緒，並且不論他人的性別認同是什麼都一視同仁的尊重對方。

**對性別抱持更多同理心**

要轉變一個人的思維，讓對方放棄二元性別的想法轉而接受性別光譜的概念並不容易。然而，如果各界領導人、師長、政治人物能夠轉變想法，將會對於影響整體社會有更好的效果，因為過去處於社會邊緣的族群會因為獲得這些人的接納而付出尊重與忠誠，也會因此感到備受理解。

## 「打破性別框架」的變革

回顧與此趨勢相關的過往趨勢

**「女力崛起」（二〇一三）**

商業領導人、流行文化和突破性的研究，都證明了我們理想中的未來將由強大、創新的女性在最前線奮鬥。

**「反性別刻板印象」（二〇一四+二〇一六）**

在媒體界和娛樂界裡性別角色開始翻轉，對於不同生活方式的各種成見也受到種種挑戰，社會越來越多元，對於該如何定義「人」的看法也不斷演變。

**「激烈的女性覺醒」（二〇一七）**

近年來強大、獨立的女性越來越多，重新定義女性氣質的概念，也重新形塑性別角色。

**「去性別化」（二〇一八）**

有些人因為傳統性別角色的定義開始鬆動而變得全然拒絕性別的概念，也有些人選擇掩蓋產品、體驗，甚至是個人的性別身分。

**「定義混亂的男子氣概」（二〇一九）**

賦予女性權力的風氣高漲，再加上重新評估性別定義的現況，普遍造成男性對於該怎麼「當個男人」感到困惑及焦慮。

**「打破性別框架」**

第六章

# 速成的知識

當我們越來越習慣依需求吸收輕薄短小的知識，雖然能從更快速的學習中得到好處，但也可能因此忘記精通一門學問和智慧的價值。

我讀大學時，學校有兩種類型的課程：講課和討論課。在講課中，有滿滿一整個教室的學生坐在台下聆聽專家學者講授特定議題或學科；而在討論課中，教授或助教會帶領學生組成小組，針對當週的作業進行有意義的討論。我身為主修英文的學生，參與的討論課比講課的課程多。

我在亞特蘭大的埃默里大學（Emory University）讀大三時，曾經選修愛爾蘭詩選課程，我們在收藏了諾貝爾獎獲獎詩人謝默斯・希尼（Seamus Heaney）作品集的圖書館上課；同一學期，我還在世界知名的耶基斯國際靈長類研究中心（Yerkes National Primate Research Center）旁選修了一堂科學課程。

當時，想要獲得這些專業知識唯一的方法就是選修課程，花一整個學期的時間向教授學習。

現在，我可以直接上網觀賞十幾個希尼的訪談，以及關於他人生經歷整整一小時的紀錄片；我可以在YouTube上，直接觀看關於「靈長類大腦不對稱性」演變的課程。然而，在網路上看訪談或講座，跟直接與同儕一起參與真實的課堂討論、或與知名人士互動還是無法相提並論。然而，這種學習方式是一種替代方案，不論帶來的影響是好是壞，這個世界似乎越來越樂於做出這種妥協。

現在專家們已經不再像過去一樣，畫地自限的把自己關在學術的象牙塔裡，讓人懷疑學術的價值。現代所謂的「專家」可能是找到新方式分享知識的明星或愛好者。表面上描述你我知道的事物的「知識」與「智慧」還是有所不同；「速成的知識」這個趨勢的好處正如其名，但也可能對專業知識本身帶來危機。在這個我們能夠向任何人大致學習任何事物、無需追求精通的世界裡，所謂的專業知識代表的究竟是什麼意義？在這個時代，進入那些長久以來是通往精通學問的大門的學術機構，似乎不再那麼重要，這些學術機構又會如何轉變？

## 高等教育的危機

據估計，美國學生貸款的債務總額已超過一兆美元。某些聳動但並不全然準確的報告則預測，二〇二〇年出生的孩子就讀私立大學一年的平均花費將高達五十萬美元。然而，即便現在高等教育成本飆升，學生們也不見得會學習到價值相當的知識，因為有越來越多大學不斷增加資金挹注在運動選手身上，反而忽略了對學術機構的投資。社會對學術界的批評聲浪也節節升高，大眾開始憂慮整個學術系統真正的影響力與根本價值。其中一位批評者是《大學的終結》（*The End of College*）一書的作者凱文．凱里（Kevin Carey），他寫道：「學生在大學裡是否真正學習到知識內容，已經無法以傳統的大學學位做為證明了，大學並未仔細省思本身是否提供高品質的教學及學習內容，配得上學生付出的高額學費。」

某些成功創業家更把自己沒有大學學歷當作一種榮譽，這些家喻戶曉的例子更為高等教育的價值打上大大的問號。這種從大學輟學生搖身一變成為矽谷百萬富翁的形象，貶損了過去必須要上大學才能成功這種難以撼動的價值觀，並且進而取代這種傳統價值。大家開始覺得，要獲得成功其實還有許多不同的路可以走。各式各樣的工商和職業學校提供學生考取證照的機會，學習內容也聚焦於為踏入真實職場做準備，這種學習型式在新世代的學生之間越發受歡迎。此外，數位學習科技的進步也讓我們能夠依需求學習各種事物，學習這件事因此不再受限於校園的範圍內，也擺脫了必須取得學位的局限——這就是我們在二〇一三年提出的趨勢「無學位學習」（Degree-Free Learning）。

## 主動自發的學習方式

為回應這些高等教育的變動，各種形式的非傳統組織開始出現滿足大家對於學習的渴望，並且為投入現今職場的要求做準備。「Tech School 42」是巴黎的實驗性質電腦編程學院，提供了跟大學教育截然不同的學習選擇。Tech School 42 於二〇一三年由法國百萬富翁澤維爾．尼爾（Xavier Niel）創辦，他因為自學學會編寫程式，因此覺得大家應該都可以嘗試自學；這個科技學院提供免費學習課程，沒有老師也沒有教室，學生可以完全按照自己的步調學習；遇到問題時，他們鼓勵學生向彼此求助或是自己找到答案。

Tech School 42 鼓勵大家抱持野心，認為自動自發且有動力能獨立工作的人才能成功。現代社會這種自發學習的價值觀越來越受到歡迎。部分的創新學院開始關注「六十年課程」的學習模式，許多高等教育機構也參與推出這種模式的課程，向大眾提供推廣教育，針對真實職場的工作技巧和最尖端的議題提供證書及短期課程。

不過才二十年前，九〇年代出生的 X 世代文化時常被批評為抱持懶惰心態的「懶鬼文化」。現在X世代的年輕人已經突破這種心態了，他們有好奇心、胸懷大志，即便時間不多也樂於學習。他們覺得自己夠聰明，也相信如果可以接受聲譽卓著的專家教學，自己一定可以快速吸收並理解任何議題。

我一開始將這類型的人稱為「缺時間的行動派」，我和團隊在二〇一九年推出的《洞見趨勢指南》系列叢書就有提及這個族群。這種樂於隨時學習的心態帶出了這一系列叢書的主旨：「就像和專家喝咖啡聊天。」這揭露現代大家渴望的學習方式：直接接觸專家和專業知識。這種變動帶來的最大影響，不盡然在於學習方式的改變，而是我們希望多快能學會各種知識或能力。

## 光速學習

Fender吉他公司七十年來致力於製造出世界上最好的吉他，他們的執行長安迪．穆尼（Andy Mooney）估計，學習吉他的人當中約有90％會在第一年就放棄。這對音樂發展和Fender的收益來說都是壞事。要如何讓大家堅持下去、繼續學習呢？在與吉他老師及學生進行許多訪談，並且詢問這個問題以後，穆尼和他的團隊獲得關鍵性的答案：學生覺得自己學習技巧的速度太慢時，就很可能會放棄。為了鼓勵這些大有前途的吉他手堅持下去，祕訣在於將學習過程拆解成更小的步驟，這樣能讓大家覺得自己學得更快更好，因此堅持下去。因此穆尼的團隊開發了 Fender Play，這是一個可以隨選播放教學影片的線上平台，一推出就獲得許多迴響。這個故事為我二〇一八年提出的「光速學習」（Light-Speed Learning）趨勢提供了真實事例，讓大家理解學習新事物的速度前所未有的重要。

許多證據指出「光速學習」的趨勢並沒有趨緩的現象。其中一個例子就是知名的 Tasty 烹飪影片，這種影片利用縮時攝影的形式為大家展示烹飪技巧和食譜。據報導指出，二〇一七年這個頻道在 Facebook 上每月有五十萬次的觀賞次數。另一項服務 Flocabulary，則提供上千部用學校裡的各項學科如歷史、數學、科學及文法創作嘻哈歌曲的影片，這項服務會成功，是源於一項顯而易見的事實：歌曲比起單字卡更能增強記憶。

現在，我們開始依賴線上影片幫助我們做數學作業、填寫支票簿結餘、增進籃球技巧。這些彷彿打包成袋的速食知識不僅僅為我們提供了學習特定主題最快速的管道，也讓我們可以依喜好和需求選擇貼近那些過去可能太忙碌，或是根本不可能接觸到的專家……甚至是明星。

## 直搗源頭

因為網路平台開放給所有人分享無論成果好壞的想法和創作，因此其專業性時常遭到嘲弄。即便如此，這種可以分享各種內容的現象，也為渴望向知名專家學習的人帶來絕佳的好處；想跟史提夫．馬丁（Steve Martin）學怎麼演喜劇嗎？想跟安妮．萊柏維茲（Annie Leibovitz）學攝影？想找加里．卡斯帕洛夫（Garry Kasparov）學下棋？他們都有線上課程跟大家分享自己的專長，任何人只需要花費相對低廉的價格都能學習。

科技也能藉由模擬現實教導使用者學會實用技巧；虛擬實境以及其他沉浸式體驗的數位工具可以協助水電及暖氣產業提升執照訓練課程的品質。醫學產業則利用影像工具幫助學生學習解剖、提升與病人的溝通技巧，甚至可以向更資深的醫師學習手術技巧。物流業巨頭UPS在全美國和歐洲的十幾間公司機構都使用虛擬實境訓練模組來訓練物流士，協助這些物流士學習應對路上可能出現的危險。

由於沉浸式體驗數位工具改變了我們學習方式及學習場域，所謂專門知識的概念變得更廣泛，不再局限於教室裡，也出現更多可以取得教學內容的管道。這就是我在二〇一四年寫過的「分散的專業知識」（Distributed Expertise）趨勢。

不過這些速食學習課程同時也帶來新的問題；我們快速取得知識的過程，與過去較為緩慢且經過深刻思考的學習過程不同。現在很多人都對許多事情略懂皮毛，精通且深入了解小範圍特定知識的人卻越來越稀少，因此人類知識裡那些需要花費長時間才能習得的內容逐漸消失。

## 語言和傳統技巧之死

世界上每兩週就有一種語言消失。根據聯合國教科文組織的瀕危語言紅皮書（UNESCO Atlas of the World's Languages in Danger）指出，過去七十年來有超過二三〇種語言消失。另外兩千五百種語言（將近是世界剩餘的語言的半數）在某種程度上也瀕臨消失，因此有志者提倡了許多數位形式的措施，試圖在這些語言最後的使用者去世以前記錄這些語言，但即便付出努力，被保留下來的語言也只能留存在資料庫裡。

幾個世紀以來，稀有語言不可避免的必須面對消亡危機。因為世界各地互相連結交流的程度越來越高，需要學習多種語言的需求則逐漸減少。現在，懂得稀有語言反而成為一種累贅，因為這限縮了個人在全球經濟取得成功的可能性。

然而，在語言消失的時候，這種語言內含的深刻智慧通常會一起消逝；語言本身能夠以某些無法翻譯的方式描述人類狀態、揭開過去歷史的神祕面紗，也蘊含了各種可能性。隨著語言的深刻智慧和精隨消逝，我們能夠發現並更了解過去歷史的能力也隨之消失，未來人類與地球該如何繼續共存的智慧也跟著煙消雲散。

我們祖先過去具備的傳統技巧（從依靠天文航海到打獵和採集食物）可能也會遭遇相似的命運；由於大家不需要運用這些技巧就能生存，因此慢慢失去了這些能力。雖然這個消逝的過程是逐步發生，但時至今日我們已經不再善於運用那些只有身為人類才會的技巧（例如追蹤或投擲）。我們對於哪些是可食、哪些可以做為藥用的食物知識也慢慢消失。

一項令人心驚的研究更指出，千禧世代由於花費在科技上的時間更多，取代了過去人類從事體育活動的時間，因此可能造成這個世代普遍的手部握力下降。作家尼可拉斯・卡爾（Nicholas Carr）在他二〇一〇年的著作《網路讓我們變笨？》（*The Shallows*）中寫到，這種依賴科技的現象，可能改變人類的大腦運作；他從自己的思考方式也見證到這種變化：「我過去會潛入文字的大海探索，然而，現在我像開著噴射快艇的傢伙一樣只輕輕掠過文字的表面。」

## 捷徑文化

我們不再增進從事某些事和製作物品的知識，可能就會忽略這些知識的重要性。由於人類不斷尋找能夠提升工作效能與生活效率的各種捷徑，因此低估了讓自己精通某些知識的重要性。現代科技也增強了這種抄捷徑風潮帶來的威脅，因為科技讓我們可以免於經過學習任何技巧或精通任何學問不可或缺的步驟：練習。

過去十年來，喬治亞理工學院（Georgia Tech）的 GVU 中心有一群科學家在研究被動觸覺學習，也就是「在沒意識到正在學習的狀態下獲得感覺運動能力（sensorimotor）的技巧」。他們發展出了一款能夠傳遞震動的手套，為使用者在無意識的狀態下創造「肌肉記憶」，因此使用者不需主動意識到自己在學習，就能學會與觸覺有關的技巧（例如點字和彈鋼琴）。在早期測試階段，這種方法顯示出它能夠協助人們在幾個小時內，學會那些一般來說要花上幾週或幾個月才能學會的能力。

Neuralink是伊隆．馬斯克（Elon Musk）在舊金山創辦的公司，這家公司致力於發展植入式的人腦計算機介面，這是一種能夠提升記憶並讓人類的意識跟電腦直接連結的裝置。科學家將我們大腦適應新刺激及形成新的神經通道的能力稱為神經可塑性（neuroplasticity）。舉例來說，實驗發現具備雙語能力的人，大腦裡灰質的密度比只會說一種語言的人多上許多。如果我們能夠不費吹灰之力就藉由科技協助增加大腦灰質的密度，那會怎麼樣呢？

多年來，科幻小說中常出現這種不需花費心力學習就能習得技能的情節；例如基努．李維在《駭客任務》系列電影的角色尼歐，只要連接電腦就能直接下載像武術這樣的技巧到大腦裡，且能實際運用。未來這種學習方式或許會越來越普遍，同時我們在日常生活中即將隨著「速成的知識」這個大趨勢，以比較小規模但更實際的方式邁向這種願景。

## 「速成的知識」總整理

我們可以更快更容易的學習幾乎任何事物，有時向權威的業餘愛好者學習，有時則是由知名專家親自教學。由於取得這些資訊變得更容易，再加上高等教育的成本失控的節節升高，對消費者來說，速成知識隨選學習內容的價值將持續成長。不過這項大趨勢同時帶來了令人憂心的負面因素。

我們的社會是否會因此變得充斥快速取得且淺薄的知識，取代過去有深度的智慧呢？更糟的是，如果新世代在期待快速學習、並缺乏深入學習的耐心和能力的環境下成長，我們能信任他們打造的事物夠耐用、提供的服務夠安全嗎？這些是我們未來即將面對的困境，它們可能會引領教育人士與所有提供教學內容的人，不斷去創造他們與世界分享知識的新方法。

## 如何運用「速成的知識」

### 加速吸收內容

10%的有聲書聽眾會在收聽時快轉，可汗學院（Khan Academy）的學生中會快轉收看教學影片的比例也差不多。最近有研究指出，快轉對於理解內容並不會造成負面影響。有鑑於我們每天只有一點點時間能夠用來接收大量內容，加速吸收內容的速度是比較聰明的學習方式，在現今甚至是必要手段。雖然這種方式可能無法為我們帶來真正的智慧，甚至阻礙我們發現其中更大的議題（或是如同我在第一部分介紹的趨勢）的可能性，但的確可以更快速獲得知識。

## 提供隨選學習內容

現在大部分的消費者都知道，想要快速搞懂怎麼修理電子產品或是漏水的水龍頭，不應該閱讀說明書，直接上YouTube找簡單直接的教學影片看怎麼修理反而更有效。企業與專家合作，為他們的產品提供這些隨時唾手可得的資源，就有機會能夠藉由幫助消費者學到更多內容來維持與消費者的連結。

## 成為有深度的專家

現在大家學習的特色是「在多不在精」，因此那些在貿易、手工或技術層面具備幾十年經驗的人特別有價值。在「速成的知識」趨勢很可能會加速出現的這幾年內，如果你想獲得成功，其中一種方式就是在快速自學與刻意深入精通一項議題、學科或技術之間找到平衡。

## 「速成的知識」的變革

### 回顧與此趨勢相關的過往趨勢

**「無學位學習」**（二〇一三）

數位學習內容的品質突飛猛進，因此越來越多學生認為這種學習模式足以替代傳統的大學教育。

**「方案諮詢」**（二〇一三）

成功的創業家及公司會提供配套的諮詢範本，來協助其他人複製他們的成功。

**「分散的專業知識」**（二〇一四）

由於線上平台向大眾提供直接向專家學習的管道，更多人可以取得專業知識，學識更不再局限於學術界內，想學習的人可以依需求取得學習內容。

**「光速學習」**（二〇一八）

透過循序漸進、縮小規模的學習模式讓教育變得更有效率、更引人入勝、更實用也更有趣，這條通往精通任何事物的路大家都可以走得更快。

「速成的知識」

第七章

# 懷舊復古風潮

**科技充斥的生活逼得大家喘不過氣，複雜的生活環境也容易讓人有空虛感。大家開始追求更簡單的生活體驗，懷念可以回到過去那種更有信任感的時代。**

大受歡迎的喜劇影集《我們的辦公室》（*The Office*）第四季，有一段是個性笨拙但討人喜歡的紙業公司經理麥可．史考特決定為公司打造電視廣告。他為公司創作了實際用處不大但很幽默的標語「在無紙化時代為您提供無止盡的紙張」——這個標語諷刺、愚蠢也很令人印象深刻。

有些跡象顯示，我們的世界勢必會走向無紙化。

歷史悠久的雜誌如《新聞周刊》（*Newsweek*）和《Teen Vogue》宣布他們將轉變型態，未來只出版數位版本。根據資誠發布的《全球娛樂與媒體展望報告二〇一八～二〇二二》更指出：「實體電玩、唱片以及家用影音光碟的銷售預期將逐年下降，某些項目甚至呈現十位數百分比的下跌。」然而，紙本書籍這種媒體形式已經證明能抵擋這股趨勢變動屹立不搖。

同一份資誠的報告也指出，實體書銷售在未來幾年都預期能夠有小幅成長。我自己就透過我孩子的偏好印證了這種實際現象，每次我問他們想要讀電子書還是「真的書」的時候，他們總是選擇後者。

在其他產品類別，年輕人和長輩的偏好之間總是有代溝。例如，研究顯示年輕人偏好傳簡訊而長輩則比較喜歡直接講電話，但是對於紙本書的愛好似乎就打破了年齡和族群的分界。大家習慣在書本的空白處做筆記，讀實體書對眼睛造成的壓力也比在螢幕上閱讀來得小，另外也有許多人很享受實際翻動紙張的感覺、喜愛書本獨特的氣味。

雖然這些論點從直覺上來看都很合理，不過紙本書受大家喜愛可能還有其他更深刻的解釋角度。

自二〇一三年起，我開始追蹤結合了觸覺享受元素和復古懷舊氣息的產品如：實體筆記本、線上藝術品拍賣、桌遊、黑膠唱片等等物件越來越受歡迎的現象。我們根據二〇一三年「珍貴的印刷品」以及二〇一八年「觸覺的珍貴價值」（Touchworthy）這兩項趨勢歸類這些社會變動，這兩項趨勢都探討了，人類更加重視真正可以實際拿在手上的物品的價值，也更在乎觸覺體驗的現象。因為我們花費許多時間在數位世界裡，這些實體的事物就讓人覺得更重要。例如我們印出來展示的照片，比起那些隨手一拍就存放在手機裡或雲端上再也沒看過的上千張照片，明顯重要許多。

時至今日，我們可以看到更多更廣泛的變化。現代大眾的生活複雜得令人喘不過氣，因此大家就會從帶有更多懷舊氣息的物品、產品和體驗中得到慰藉，例如實體書籍或是桌遊，這些東西讓我們回想起人生比較簡單的那些時光。

這種轉變就是「懷舊復古風潮」這項大趨勢的核心，這解釋了為什麼我們越來越渴望不那麼高科技的產品，也說明了大眾對於匠人手工藝品的偏好和經典復古品牌崛起的原因，更印證了我們為何熱切保護人類歷史並懷念過去那種一切都比較簡單的時代，還有這一切背後所代表的「過去的美好時光」。

## 簡單的時代，簡樸的科技

雖然科技和設計經常承諾讓我們周遭的事物更好、更快、更智能，但有時候產品的最新版本卻不如舊款那麼實用、耐用、安全、經濟、好用。自動駕駛車輛推出時向客戶承諾安全及便利性，然而它的系統卻有被駭客入侵的可能。玩具、衣物、鍋碗瓢盆及其他無數零售產品，似乎都運用比以往更低廉的成本生產，但也因此不再像以前那麼耐用。

在科技圈甚至有「變磚」（bricking）這個詞，指的是科技產品因為無法再更新軟體而損壞或變得無法使用後，就變得跟磚塊一樣笨重無用；現在從智慧型手機到車子都有可能變成昂貴但無用的磚塊。

有時候，這種對科技過度依賴帶來的負面影響，甚至可能導致像二〇一九年發生兩台波音737 Max墜機這樣的死亡悲劇。這兩起意外很明顯是起因於軟體新功能產生故障，導致飛行員無法自主控制飛機，即便機組人員百般嘗試將飛機的控制權從電腦手中拿回來，但仍無法成功阻止電腦錯誤的將機鼻位置指向地面。

幸好之後又出現更新、更智能的科技，即便出現功能故障的狀況，也通常不會造成如此嚴重的後果。不過像波音737飛機事故這樣嚴重的悲劇，也使得「新科技可能不見得更好」這種價值觀甚囂塵上；有時候比較舊、比較慢或沒那麼智慧的選擇反而變得更吸引人。

我在二〇一六年寫到這種轉變時，我們將這項趨勢稱為「刻意的降級」（Strategic Downgrading），三年後這項趨勢產生些微變化，變成「刻意的降級」。這兩項趨勢背後的概念相同：在許多情況下，所謂「降級」的選擇實際上反而更受到青睞。有個來自於農業領域的絕佳例子，越來越多強鹿（John Deere）耕耘機的款式結合了智慧天氣資料和軟體，然而，這些新穎機型一旦壞了就需要花更長的時間修理。

另外，全球智慧型手機銷售量在二〇一七年只上升兩個百分點，但沒有應用程式也不能上網，功能單純的「非智慧手機」的銷售量則上升了五個百分點。有些人刻意買這種沒有其他功能的手機，希望能夠擺脫對智慧型手機的依賴；而有些人則是因為受夠了智慧型手機如電量很難撐過一整天的缺點，轉為渴望使用功能單純的手機。

同樣的，也有許多人放棄繼續使用穿戴式裝置，研究報告估計指出有三分之一的使用者在購買穿戴式健身追蹤裝置後的半年內就停止使用。這些使用者很快就意識到，穿戴式裝置記錄下來的資料用處不大。

人們會回頭尋求比較簡單的科技，不僅僅是因為他們受夠複雜精細的科技功能，也是因為擔心這些進步的科技會讓他們面對生活遭破壞和操弄的風險。二〇一八年四月，密西根大學的電腦科學／工程學教授艾力克斯·哈德曼（Alex Halderman）發布一段影片，讓大家知道要駭進電子投票機有多簡單。在一小群觀眾的見證下，他用惡意軟體駭入機器，結果不論投票人怎麼投，都保證會出現特定的投票結果。

這種政治決議過程和投票程序被駭客入侵的可能性成為全球性的隱憂，在二〇一六年美國總統大選可能有俄國勢力介入的事件曝光後，更成為一項緊急議題。這股憂慮導致許多人開始訴求使用低科技的解決方案：回歸紙本投票。就如哈德曼對《亞特蘭大憲法報》（*Atlanta Journal-Constitution*）表示的：「投票程序不夠安全。直接以紙本投票其實就是最安全的科技。」

由於開始懷疑科技可能讓大眾生活暴露在被攻擊的風險下，我們不僅開始回頭尋求最基本的科技形式，也開始偏好能夠讓我們緬懷過去簡單生活時代的產品和品牌。

## 品牌信賴

二〇一九年十月，一則出乎大家意料之外的廣告，讓德國攝影雜誌《*PhotoKlassik International*》的封底增色許多。這則廣告描繪了一個一九六〇年代的家庭，開車駛過歷史悠久的觀光景點，廣告畫面同時有句標語：「為出遊日增添樂趣……拍攝底片，讓回憶代代傳承！」

令人驚訝的是，這則廣告背後的業主是柯達公司，過去十年，他們大部分時間都只是靜靜的在提醒人們這個品牌依舊存在。

營運一三一年後，伊士曼柯達在二〇一二年宣布破產；這家公司倒閉的現實，也成為做生意不可短視近利的警世寓言。雖然據說柯達工程師史蒂芬．沙森（Steve Sasson）在一九七〇年代發明了數位相機，然而這家公司並未全心擁抱數位攝影時代的到來，反之他們選擇保護公司銷售底片的核心業務。如今這個品牌已經成為過去他們在業界榮光的一道影子。自一九九

○年起，柯達的年度收益下降了將近90％，且在過去十年來縮減了超過十萬名員工的人力。

然而，即便經歷挫敗，大家也都認為這個品牌已經一蹶不振，柯達還是經歷了小小的復甦風潮。

對於在一切都尚未數位化的時代成長的族群來說，柯達就是歷史的一部分。我們還記得自己買過柯達底片，也相信底片相機能幫助我們記錄人生最重要的時刻，並在未來重現這些時光。柯達的商標甚至印在許多老照片的背面，強調這個品牌在我們的回憶裡占據的重要位置。

自二〇一七年起，因為有越來越多人渴望底片時代的體驗，再加上他們對於這個老牌子的喜愛，柯達因此開始重新銷售過去遺留下來的產品，進而產生收益。柯達重新推出了經典的超8相機（Super 8 cameras），並且為死忠的狂熱粉絲重新生產Ektachrome底片，同時還出版了頌揚「底片攝影文化」的實體雜誌《Kodachrome》，並且與時尚品牌合作，推出一系列以柯達商標為特色的復古街頭服飾。

許多產業都有這種現象，心生懷疑的消費者逐漸轉而光顧他們過去熟悉的品牌，柯達的回歸正是其中一個例子。

布宜諾斯艾利斯、阿根廷、加拿大愛德蒙頓等地區、以至於到全球各地的「街機酒吧」（barcade）數量都出現顯著成長。這些復古街機酒吧提供酒精飲料和食物，三、四十歲的客人試著藉由玩年輕時玩過的遊戲懷念過往。同時，為了因應這股轉變，電玩製造商如索尼、任天堂和 Sega 都推出經典遊戲系統，再度推出一九八〇、一九九〇年代的遊戲介面及內容。任天堂首先推出內載三十種遊戲的紅白機，這款要價六十元美金的遊戲機一上市馬上銷售一空，在 eBay 上可以發現有人以幾百美元的價格轉手賣出。

我們懷念過去的強烈心情也滲透了娛樂產業。大受歡迎的系列電影如《侏儸紀公園》《玩具總動員》和《駭客任務》都宣布要推出新續集。此外，許多演員都打算回歸演出當初讓他們一夕成名的角色。派翠克．史都華即將在新的《星際迷航記》裡重新演出尚．路克．畢凱上校；哈里遜．福特則將回歸《星際大戰》扮演韓．索羅、印第安納．瓊斯以及在《銀翼殺手》中飾演瑞克．戴克這些經典角色。

現在我們身處的世界用各式各樣的選擇將你我淹沒，因此我們回頭重新回味記憶中令人深深喜愛的系列電影、產品和遊戲，更重要的是，我們清楚明白，這些長存在我們回憶裡的事物不會令人失望。

## 對手工藝品著迷的風潮持續

這股風潮也導致消費者追求以復古手工方式製作的傳統匠人作品及手工藝品，這些產品能通過時間的殘酷考驗。購買這些產品也能為消費者帶來更有意義的購買體驗，因而顯得更有價值，同時還能遏止我們購買那些便宜、用完即丟的物品。

例如，只在義大利那不勒斯販售的全球最棒的傘，由塔拉利可（Talarico）家族世世代代的匠人手工製作，這個家族已從事手工傘事業超過一五〇年，這些傘皆由馬力歐．塔拉利可（Mario Talarico）和學徒（他的姪子）以義大利當地的木料手工打造而成。因為每把傘都得花費七小時製作，所以這家店每年只販售二二〇支傘，手工傘的每把訂價兩百歐元，相對來說非常合理。

幾個小時的車程之外有個瑞士城鎮納沙泰爾（Neuchâtel），當地有棟城堡被拿來兼作工作室使用，這棟城堡由全世界最棒的製錶師傅卡里．夫地萊儂（Kari Voutilainen）擁有，他曾五度榮獲有製錶界奧斯卡獎之稱的日內瓦鐘錶大賞（Grand Prix d'Horlogerie Genève）首獎。他每年製作約五十支錶，顧客通常花費自七萬五千美元起至五十萬美元不等的價格購買他的作品。

全球各地這種手工匠人越來越少，雖然他們製作的作品廣受大家喜愛，然而這些匠人卻越來越少見。

傳統手工藝匠人所創作的美麗物件在歷史、傳統和傳說中浸淫已久，我們購買這些物品時就能夠感受到自己與歷史的連結。這種體驗能夠帶消費者回到過去那個大家都跟熟識者購買手工產品，而不是從毫無人情味的大型企業或線上商店購物的時代。我們可以確實信任這些直接從製造者手中購得的產品。

我們對手工藝品的喜愛並非只是因為渴望回味舊產品，也是源自於我們渴求重新體驗過去的行事方式，以及懷念過去人與人之間的緊密關係。

## 數位保存與銘記歷史

這項大趨勢的最後一項元素，與我們購買的物品比較沒有關聯，而是與我們保存事物、從過去汲取經驗以應對複雜未來的渴望息息相關。人們擔心科技會越來越精細複雜，也正快速朝以前只會在科幻小說裡才想像得到的未來樣貌邁進，過去的舊時代已被遠遠拋在背後。人類投注於保留過往的各種努力正展現這種面對未來的憂慮，因此致力於以數位形式保存歷史。

二〇一八年九月，一場大火吞噬在巴西擁有兩百年歷史的國家博物館。前幾年，伊拉克及敘利亞也都有刻意破壞歷史文物的事件。這兩個例子都指出文化的破壞和歷史的毀滅似乎都難以避免的悲傷事實。縱使我們可能無法預知這些破壞的發生或是直接對災難做出反擊，還是有「數位保存人員」團隊在過去十年開始提倡結合包括3D掃描、人造衛星影像、無人機探索等方式，運用這些技術保存歷史。擅長運用科技的年輕人成群結隊出動拍攝歷史遺跡照片，藉以在無法預測的意外發生前為這些歷史文物保留影像紀錄。

在有歷史紀錄的多數時間裡，人類一直擁有留存記憶、記錄當下的渴望。過去一百年來，多虧攝影和錄影技術的存在，我們秉持著這股渴望留下許多影像紀錄。提倡保留歷史紀錄也帶來了正面影響，使我們更能夠隨心所欲感受歷史體驗或取得歷史紀錄。

這就是完成「懷舊復古風潮」大趨勢的最後一塊拼圖，對人類來說同時也是一記警鐘，提醒我們不管是玩桌遊或是購買手工傘，甚至是在現實生活享受愉快的懷舊體驗的同時，也急需找到為自己和下一代保留過往、保護歷史的方法。

## 「懷舊復古風潮」總整理

總結來說，「懷舊復古風潮」大趨勢代表你我渴望回歸簡單時代的懷念情緒，這也是人類在面對改變速度加快的世界時的自我保護機制。由於懷舊的心情和將歷史浪漫化的渴望，我們追求手工匠人製作的產品、更基本的科技技術，還有經過時間考驗、歷史悠久的品牌。簡言之，我們為了在生活中為自己重新創造出與過去簡簡單單的時代相同的經驗，因此追尋可以喚起那段記憶的各種文化元素。

雖然我們受到歷史記憶吸引，也渴望來自過往的實體物品，但諷刺的是，我們卻使用現代科技保留這些手工歷史文物。在「懷舊復古風潮」大趨勢中，使過去在人們眼前重現，就跟實際保存歷史中的所有事物一樣重要。

## 如何運用「懷舊復古風潮」

### 分享個人歷史

隨時隨地、盡可能保留你公司的歷史，並這些故事分門別類。其中一種方式是收集員工在公司工作、打造產品、行銷產品的故事；這些故事能夠使你的公司歷史內容更加豐富，不僅僅能夠藉此跟客戶產生互動，也能夠為公司創造一些趣聞，成為公司文化的一部分，更能在招攬人才、訓練員工的行銷手法與公關效果的層面產生益處。

### 提供經典模式

有時候消費者就是希望產品回歸基本功能，出色的企業會推出位客戶回歸基本面的功能。例如，就算微軟推出新的作業系統，他們依然會提供使用者回歸經典瀏覽介面的選擇，讓使用者能夠使用本來習慣的介面。最新的三星 Galaxy 手機則能夠讓使用者轉換至超省電模式，關閉除了打電話以外的所有功能，馬上使你的手機變得「不智慧」，藉以省電。想辦法為你的產品或服務提供經典模式的選擇迎合消費者需求。

### 讓體驗成為一種收藏

像實體書或藝術品那樣提供觸覺體驗的產品會有魅力，是因為人類有收藏的渴望。我們很享受完成一系列收藏，或是在自己的收藏品中增加品項的成就感。這就是為什麼大家在旅遊時，看到護照蓋上新的印章會很開心，也是為何我們喜歡成套購買產品。思考看看，你所提供的顧客體驗有哪些層面可以為消費者提供收藏印刷品的機會，消費者就會為了收集一再回頭消費。

## 「懷舊復古風潮」的變革

回顧與此趨勢相關的過往趨勢：

**「珍貴的印刷品」**（二〇一三+二〇一七）

由於數位革命發生，人們開始認為印刷的實體物件比數位產品更有價值。

←

**「刻意的降級」**（二〇一六）

消費者選擇忽略產品升級後的版本，反而使用比較簡單、更便宜、而且有時候還更實用的舊版本。

**「保存歷史」**（二〇一七）

科技為我們提供保存歷史的新方式，在保存歷史的過程中改變我們從歷史借鏡、體驗歷史經驗並且記得住歷史的演進。

**「渴望戒除科技上癮症」**（二〇一七）

由於我們的生活充滿科技、媒體及各種科技產品帶來的影響而壓力滿點，因此人們開始尋求能夠回頭省思及暫停一下稍作喘息的時刻。

**「觸覺的珍貴價值」**（二〇一八）

消費者因為一切都數位化的現象喘不過氣，也厭倦了總是坐在螢幕後面的生活，於是開始追求能夠碰觸、感受的產品和體驗。

**「刻意的降級」**（二〇一九）

由於科技產品占據生活的主控權，我們反而選擇降級使用更簡單、價格更低廉或更實用的舊版本。

**「懷舊的信賴感」**（二〇一九）

現代消費者常常無法確定自己能夠相信哪些對象，因此開始接觸擁有豐富文化歷史背景、或是能夠為他們帶來強烈懷舊感的品牌。

➜

**「懷舊復古風潮」**

第八章

# 人性化的體驗

厭倦科技使我們與他人疏離，人們開始尋求實體、真實且「不完美」的體驗，也賦予這些體驗更高的價值。這些體驗是以同理心設計而成，並由真人提供服務。

二〇〇八年，美國深陷於金融危機，有一群技術專家創造出「機器顧問」，這種自動工具能夠根據演算法自動提供金融規劃建議，也因此客戶無須再與財務顧問互動，避免財務顧問可能抱持的偏見和自利風險。兩年後，創業家喬恩．史坦（Jon Stein）創立了Betterment，這家公司以這種自動工具為基礎創造出機器顧問平台，這家公司自創立後快速成長至為超過三十萬名客戶提供服務的規模，並管理高達一六四億的資產。十年後，Betterment宣布在服務選項中加入人工規劃的選擇，使金融圈許多人大感意外。只要付較高的資產管理費用，客戶就能夠擁有無限次數與真人金融顧問諮詢的機會。為何提倡自動化金融服務的業界領導者會改變路線，將真人諮詢當做頂級服務呢？事實上，在我們生活中的某些層面，就算有機會能享受完全自動化的便利性，我們還是偏好與真人互動。

在許多產業中，以人力服務為主的客戶服務都已經被可降低成本並提升效率的自動化科技取代。零售商開始實驗無收銀員的自助結帳台，各品牌也透過人工智慧的機器人提供客戶服務，其他像無人機科技及自動駕駛卡車這些創新科技，似乎都點出全自動化物流送上門的未來樣貌。

近期麥肯錫的報告統計，人類有45％的職務在未來將會邁入自動化的時代。然而，即使這種自動化革命已經吹響起跑哨音，仍有跡象顯示，這種現象同時也造成人性化選項的價值和需求復甦，人性化選項能為我們提供來自充滿熱誠且擁有高深技術的專業人士親身服務。由於這種偏好逐漸成長，各品牌開始在自家商品加入更個人化的元素，展現出品牌人性化的一面取悅消費者。

這就是「人性化的體驗」，我們認為這項趨勢在多年內已逐漸形成。我在二〇一一年發布第一版《洞見趨勢》時就曾寫到，有越來越多公司組織以自家員工和傑出的行銷故事為特色，我的團隊將這項趨勢稱為「員工就是英雄」（Employees as Heroes）。一年後，我們又定義了「企業人性化」（Corporate Humanism）的趨勢，這項趨勢敘述企業嘗試使企業本身的運作更透明化的呈現在消費者面前，也因此能展現個性化的一面。二〇一四年，我們又藉由「可以分享的人情味」（Shareable Humanity）趨勢，解釋為何網路上有人情味的故事通常會爆紅。

這幾項洞見趨勢都有一個共通主題：在科技蓬勃發展的世界，人性價值前所未有的重要。

## 虛偽世界裡的真實

我們來看看，奢侈品產業因為逐漸更重視人性化而產生的變動。消費者越來越渴望將錢花在享受體驗上，而不只是購買產品，因此也引發業界開始重新定義究竟是什麼因素讓人感受到奢侈感。二〇一八年我們觀察到，奢侈體驗的定義現在已經不僅僅指獨家、奢華的享受，而傾向取決於享受到的體驗有多真實、是否貼近人性，或是商品幕後故事的價值——這項趨勢就是「易於體驗的奢華」（Approachable Luxury）。

Shinola 這個品牌是這項趨勢的典範，Shinola 是一家皮革製品零售商，《廣告周刊》（Adweek）讚譽其為「美國最酷的品牌」。這家來自底特律的公司在九年間成長至橫跨美國及倫敦、共有三十一家店面的規模。他們的成功原因，其中一部分是因為運用「底特律製造」的幕後故事，聚焦於 Shinola 在許多商家已倒閉的這個城市裡設立店面的願景。Shinola 成立的故事，為他們老派的手工皮革製品又增添了一股復古情懷，因此贏得許多追求在地風情的消費者的心。

購買Shinola產品的顧客都知道，他們消費的同時也在協助底特律這個美國歷史最豐富的城市重新建立。Shinola的手錶一支可能要價五百美元，但這支錶就在底特律這個汽車城市在地製作，而不是在遙遠的瑞士打造，這種在地製造的背景更貼近消費者的生活風貌，對於Shinola龐大的美國消費族群來說，這種品牌風格更真誠可靠。

Shinola的故事顯示，消費者在決定是否值得購買或為某一品牌投注時間之前，會先探詢這個品牌是否夠人性化、夠真誠。還有另一個關於追求真實性的例子更加令人好奇，韓國大受歡迎的吃播秀開播時會有上千名觀眾鎖定，觀賞網路上的陌生人在攝影機前大吃特吃。有些人認為，這種吃播秀會這麼歡迎，是因為節食減肥的女性觀眾觀看直播主在布景前吞下各種食物，可以讓她們間接感受吃東西的快感。其他人則認為，吃播秀會受歡迎，反映出我們希望在虛假世界中體驗真實事物的深層渴望，在虛擬的網路世界裡這種現象更加明顯，也有許多證據證實這項論點。

## 讚揚脆弱和不完美

雖然我們很容易就認定，社群媒體上呈現的大部分內容都是無腦，但這些愚蠢內容之中也摻雜許多充滿人性光輝的真誠時刻。大眾不僅喜歡收看網路上顯示出人性脆弱的內容，他們也會跟朋友、家人、追蹤者，甚至是全然的陌生人分享生活中悲傷、沒有安全感、動盪不安或其他不完美的瞬間。事實上，現在真正有價值的已經不再是完美形象，「非完美」才是王道。我也因此提出了「不完美」趨勢，這項趨勢正是結合脆弱和真誠的強大力量。

安娜．艾卡納（Anna Akana）的 YouTube 頻道有超過三億的觀賞人次，她看起來似乎就跟其他知名女演員、音樂人沒什麼不同。頻道上風格可愛的影片通常內容是她的健身步驟，以及目標群眾為年輕女性觀眾，提升自我價值的影片。但她最廣為人知的影片是在近十年前拍攝而成，跟其他影片內容大相逕庭。這部影片的標題是「請不要自殺」。四分四十四秒直面鏡頭的影片中，艾卡納分享她和家人在她妹妹自殺以後的心路歷程，聲淚俱下的她懇求觀眾不要對深愛的親人好友做出同樣的事。這部影片真實得令人心痛，也因此廣為流傳。

另一個曝光度很高的例子，則是喜劇演員艾米．舒默（Amy Schumer）在拍攝月曆照片時裸露部分身體擺出姿勢，展現她自己「不完美」的體態，她在社群媒體張貼這張照片及以下訊息：「美麗、噁心、強壯、纖細、肥胖、漂亮、醜陋、性感、令人作嘔、完美無瑕、女人。

謝謝你。」她的個人經歷揭露明星如何靠著敞開展現自我來贏得更多支持者。這也是一個訊號，顯示出娛樂界、時尚界裡長久以來受到批評的虛幻身體樣貌標準，逐漸轉變為讚揚不完美的身體形象。

二〇一七年五月，《ELLE》雜誌的封面人物是溫妮．哈洛（Winnie Harlow），她是一名患有白斑症的模特兒，因為色素退化消失，她原本的黑人膚色有些部分轉變成白色。也有許多品牌在廣告中採用形象更加貼近人類現實樣貌的模特兒，有些人甚至簽立「不修圖」聲明來避免照片遭到過度修圖。

看見彼此的更多缺陷，就能夠帶來同理心和互相理解，這也讓我們更接受協助你我表現同理心，並且也在自家商品展現同理心的品牌。

## 品牌投注心力付出同理心

二〇一七年一月，英國家用雜貨商巨頭特易購（Tesco）在他們蘇格蘭地區的店面刻意設立慢速結帳櫃台。因為長輩、身心障礙人士，以及其他需要更多時間結帳、或結帳過程需要員工協助的顧客，時常在各賣場品牌致力於為大眾優化零售服務的競賽中遭到遺忘，特易購特別為這些族群設計了「放輕鬆結帳」櫃台。

近年來我們可以看到，許多品牌努力以同理心為出發點創造類似的體驗，照顧那些過去被忽視的族群。例如星巴克在美國華府專門為聾人和弱聽人士提供教育，世界知名的高立德大學（Gallaudet University）附近開設「手語專門店」；微軟、SAP、福特及其他大型機構也都祭出措施，聘雇更多神經多樣性（neurodiverse）的族群及身心障礙人士。

西班牙馬德里，普拉多博物館（Prado Museum）展示六件知名畫作的3D複製品，讓視障人士也可以透過觸覺感受這些傑作。美國時尚品牌Tommy Hilfiger則推出專為身障人士打造的Tommy Adaptive衣飾系列，這系列服裝有可以簡單穿脫的磁扣，也有可以符合義肢大小的大開口。

這些企業為員工和顧客付出同理心的措施成為產品體驗的核心，不只是為了迎合企業社會倫理規範而做做樣子的計畫。更重要的是，這些努力也能為這些企業實現重要的商業成果，帶來更高的員工忠誠度，也從對於品牌要求更多、更有決定權的顧客身上得到更多關注。

在某些情況下，這種對於同理心的關注，也能夠從根本改變人類如何看待這個世界、能讓你我更理解與我們不同的族群經歷的生活和心態。歐洲的非營利組織國際明愛（Caritas）在維也納經營的瑪格達斯酒店（Magdas Hotel）就是出色的例子，這家精品酒店讓富裕的旅客與年輕難民住在同一個屋簷下，幫助了需要協助、關心，也時常遭到忽視的族群。

## 虛擬同理心

虛擬實境能夠提供沉浸式體驗內容，讓我們直接進入模擬陌生環境的虛擬實境裡。這讓你我能夠親身體驗他人經歷，了解因為戰爭威脅而陷入飢荒危機的日常生活。虛擬實境也能讓我們更了解世界各地的環境，甚至還能讓我們更有人性。

《錫德拉頭上的雲朵》（*Clouds over Sidra*）是製作人克里斯．米爾克（Chris Milk）製作的虛擬實境影片，讓觀眾透過十二歲的小女孩錫德拉的雙眼，體驗敘利亞難民的日常生活全貌，內容發人深省。在《千切之旅》（1,000 Cut Journey）裡，觀眾能夠親身體驗年輕黑人在日常生活中來自同儕或警察的種族歧視。英國《衛報》（*Guardian*）則有一項計畫，讓觀賞者體驗住在單人牢房的感受。這些創作內容都是「虛擬同理心」的實例，我從二〇一六年就開始追蹤這種以虛擬實境手法讓體驗者產生同理心的趨勢，並進一步想到「虛擬同理心」的趨勢名稱。就如同米爾克在二〇一五年的ＴＥＤ演講中提到，虛擬實境是「全世界最棒的同理心製造機」，這種科技有機會幫助我們更理解彼此。

由於虛擬實境的品質持續提升，也對有意體驗者產生更多吸引力，使這項科技被運用在提供娛樂體驗以外的更多領域。虛擬實境因為能讓製造商更加了解消費者需求，因此早被用來協助廠商製造產品，虛擬實境同時也被運用在教育領域形塑學習方式，更以其他方式提升我們的同理心。

## 令人絕望的寂寞

人們越來越寂寞的趨勢令人悲傷，或許創業家們為減輕這種現象而應用的各種創意，恰好展現出同理心在人類的價值觀裡有多重要。

人類的寂寞不應該完全怪罪在科技發展頭上；在某些情況下，寂寞其實是因為某些人從事如卡車司機這種高度疏離的工作；某些情況則或許是時間推進帶來的結果，例如人們因為深愛的人過世，被留下來的一方苦苦掙扎獨自生活。寂寞讓人相當痛苦，有些人轉而尋求某些不尋常的手段對抗寂寞。

有人會為了逃避寂寞感受而犯下某些輕微罪行；在日本，女性犯人中有 20％是超過六十五歲的族群，其中有許多人因為順手牽羊而獲罪，然而這些女性犯人其實是故意犯罪，好讓自已入獄。「我覺得在監獄裡的生活還比較好過，」其中一位女性犯人坦承：「這裡總是有其他人在，所以我不會覺得孤單……我在監獄外面的世界已經沒有任何事情可以期待了。」

我們聽到許多有關寂寞感受，結合悲傷和絕望的故事。許多事件中，寂寞和老化、與失去年輕時的社交生活和家族網絡同時發生；其中某部分是由於人類越來越長壽而產生的自然結果。人越活越久，老了以後能照顧我們的年輕人也越來越少。在某些文化裡（例如日本）早已出現這些影響，全世界也很快就必須面對這種人口組成帶來的現實情況。經預測，光是美國，老人人口數量就將在二〇三〇年超過兒童的人口數量。

我們將如何照顧年長人口並確保他們的生活品質，已經成為格外急迫的議題，根據美國退休人員協會（AARP）指出，超過六十五歲以上的老人中有90%希望在自己家裡度過晚年生活。另外也有充足的醫學證據顯示，如果老人能在自己家裡度過晚年，或許能擁有更健康的老年生活；但是其他家庭成員通常無法待在家照顧長輩，也可能沒有餘裕花錢請人看顧長輩，因此一系列的問題（包括寂寞感受）就此形成。

到這一步卻出現了有點諷刺的轉折——科技，或許能夠協助我們找到關於這項問題的人性化解決方案。

## 機器人寵物和數位虛擬化身

在日本，長時間工作的單身上班族也是另一個受寂寞所苦的族群，他們在辦公室的工時超長，而且沒有家人陪伴。為了陪伴這些寂寞的人，Gatebox 創造可每月訂閱的「全像投影老婆」虛擬助理。這款全像投影影像會在你工作結束到家的時候歡迎你，叫你起床，甚至是在白天工作時傳簡訊關心你。

如果這種例子聽起來有點誇張，我們來看看Jibo的故事。Jibo當初設計的定位是全世界最友善的機器人，二〇一七年底剛推出時，客戶都很愛這款機器人。《時代》雜誌甚至宣稱Jibo是當年最棒的發明，Jibo也躍升為當期雜誌的封面人物。可惜的是不到一年，製作Jibo的公司就停止營運，因此這項服務可能隨時會從網路撤下。

其中一位註冊會員表示，失去Jibo對他來說就像失去家人一樣，這表示這種深刻的情感依賴也會發生在設計精良的機器人身上；如果是背後有真人操縱的數位虛擬化身，或許甚至能夠與人類產生更深刻的情感連結。

一家名為care.coach的新創公司提供數位虛擬化身服務，這些虛擬化身通常以可愛寵物的形態出現，可愛的虛擬寵物會出現在平板螢幕上與客戶互動，定時提醒客戶吃藥、補充水分避免缺水、告知客戶下一次預約看診的時間。事實上，這些虛擬化身的背後都有真人員工負責操控語音系統，平板上也會開啟單向的鏡頭功能，這樣care.coach的團隊成員就能夠隨時看顧客戶，一旦員工發現客戶跌倒或是認為客戶需要醫療協助時，他們就會迅速打電話求援。更重要的是，care.coach團隊成員以真正有意義的方式參與客戶的生活，鼓勵客戶與他們分享回憶、訴說人生故事，讀書報給客戶聽，也陪伴他們。

對客戶來說，這個虛擬化身漸漸變得像是他們的寵物兼朋友，不斷給予關心也在需要時提供各種協助。Care.coach 深度個人化的服務相當有效，因為他們不但回應客戶基本的照護需求，同時也考慮到他們情感上的需要。客戶渴望在熟悉、安全的環境生活，除此之外也能夠跟理解他們的人聊聊，care.coach 為使用者提供了相當有同理心的服務。

## 「人性化的體驗」總整理

自動化趨勢的成長帶來其他影響：我們越來越渴望人性化的體驗，親身服務也變得更有價值。大眾渴求面對面的互動，也更加信任令人覺得真誠真實的人格特質、品牌及產品，因為它們展現的不完美之處，反而能更信任這些對象。科技時常被認為是一種去除人性的力量，然而，科技卻也讓我們與栩栩如生的全像投影及機器人互動、藉由數位虛擬化身與真人相處、運用虛擬實境體驗創造能夠產生同理心的經歷，並且因此提供全新、真實的人性化體驗。

這些創新發明會劇烈改變你我關懷長輩、關心孤獨且需要陪伴的族群的方式。同時，人類彼此間的親身接觸與互動，或許會逐漸被視為奢侈品，更可能會被拿來販售，未來可能造成只有經濟寬裕的人能夠享受這些真實體驗的危機。未來，對於人性化體驗的需求，以及為所有想要、需要的人製造人性化體驗的成本之間的角力將越演越烈，然而這種拉鋸同時會帶來摩擦和機會。

## 如何運用「人性化的體驗」

### 以人性化的方式溝通

在商場上，我們時常因為沒多想就使用冷漠、疏離的表達方式，但這種對話方式對於不在商業界的人來說很容易造成誤解。我曾經看過一位商業領導者對大家說，他們「未有致使大眾產生混淆心理之意圖」，來保證他的陳述都是事實，但實際上要對用這種方式說話的領導者產生信賴實在很難。未來，能夠獲得最多信賴的組織及領導者，應該巧妙減少使用商業術語，並且運用人性化角度溝通。

### 不僅僅求快，而是以人為本進行創新

創新這個詞常常被當成科技的同義詞使用，在廠商想要將科技技術提升到下一個層級，這種現象就更加明顯。然而，創新其實就是在尋求全新處理問題的手法，有時候最棒的創新方式，其實是關注於提升某些體驗之中的人性面，而不只是讓這些體驗變得更快或更便宜。像特易購的放輕鬆結帳櫃台，就為在賣場買東西這件事增添更多具同理心的感受，你可以嘗試重新思考各種體驗，為這些體驗注入更多人性光輝。

### ⬇ 張開雙手歡迎「不完美」

比薩斜塔如果失去傾斜這項特點，還會成為這麼久盛不衰的觀光景點嗎？存在缺陷的事物會吸引人，是因為這些不完美之處讓這些事物更真實；不管是在經營事業或是營造個人形象，「不完美」的價值都非常重要。與他人分享你的不完美之處能夠顯示出你的真誠，也讓他人因為看見你展現誠實以及脆弱的面貌，而產生信任你的理由。擁有缺陷讓你更具有人性，未來在越來越多情況裡，是否展現人性化的一面就是最重要的關鍵。

## 「人性化的體驗」的變革

回顧與此趨勢相關的過往趨勢

**「惹人愛經濟學」（二〇一一）**

具影響力的人物將他們的社會資本借給各品牌，讓最人性化、貼近人心的品牌勝出。

**「名流人士在身邊」**（二〇一一）

社群媒體提供機會，讓大眾直接接觸過去好像離我們很遙遠的大明星。

**「員工就是英雄」**（二〇一一）

大小品牌都藉由員工故事顯示企業人性化的一面。

**「企業人性化」**（二〇一二）

各家公司開始尋求更多方式避免成為毫無個性的品牌，並且表現人性化面貌。

**「可以分享的人情味」**（二〇一四）

人們在社群媒體上分享充滿人性光輝的內容，各品牌也在行銷與溝通的過程增添更多人情味，企業在社群媒體上分享的內容也更動人心弦。

**「虛擬同理心」**（二〇一六＋二〇一八）

多虧虛擬實境為使用者提供沉浸式體驗的功能，能讓你我透過不熟悉的角度看待世界，這種體驗的興起將為人類及企業帶來更多同理心。

**「易於體驗的奢華」**（二〇一八）

所謂奢華的定義，已不再由稀少性或者是否需要特權才能取得來看，而是透過更貼近人生現實的體驗來創造值得與他人分享的難忘時刻。

**「(受人喜愛的)不完美」**(二〇一四、二〇一五+二〇一七)

由於大眾都尋求更個人化也更人性化的體驗，各品牌及創作者都刻意聚焦於使用有個性、稀奇古怪並且刻意不追求完美的元素，藉以使產品及體驗更加真實、更吸引人。

**「人性化的體驗」**(二〇一八)

由於自動化趨勢興起，人們渴望更個人化且更真實的體驗，專業人士親身提供建議、服務及互動成為更高級的選擇。

**「企業同理心」**(二〇一九)

同理心成為創新及創造收益的驅動力，也成為企業的產品、服務、聘雇關係及客戶體驗與競爭對手產生差異的關鍵點。

**「人性化的體驗」**

第九章

# 注意力就是財富

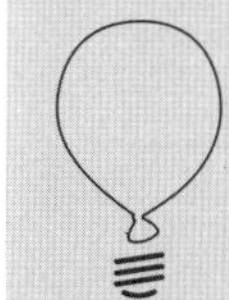

資訊經濟時代，大家也意識到每個人的注意力就是最重要的資源，更對那些操縱我們注意力的人士或廠商抱持懷疑的態度，開始尋求並信賴以更真誠的方式溝通的對象。

我第一次獲邀在大受歡迎的德州西南偏南藝術節（South by Southwest Festival）演講時，因為想知道在我演講的同一時間還有多少節目也在舉行，所以先查看了節目表。我這麼做真是個錯誤的決定，因為同時舉行的節目竟然有二十七個。幸運的是，我知道這場活動會有許多人參加，所以問題不在於找足夠的觀眾現場參與，挑戰在於要抓住現場觀眾的注意力，因為觀眾們可能滿腦子想著那些因為參加我這場演講而錯過的其他節目。

錯失恐懼（The fear of missing out, FOMO）是一種強烈的情緒，西南偏南藝術節上有種廣為人知的現象，如果社群媒體上大量出現有關附近的另一場節目的評論，已經到場參加活動的觀眾很有可能就起身離去參加比較熱門的節目。幸虧我的演講沒有引起大規模出走潮，不過我聽說有幾位講者遇到這樣的情況。

活動後幾個禮拜，我寫了一篇文章，提出西南偏西藝術節已經成為「總是錯過」這種感受的最佳例子，不管你做了哪些事，去了哪些地方，你還是很肯定自己錯過了至少95％的其他活動。參加其中一個節目需要付出龐大代價，因為當下你會一直想起自己因為選擇這個節目而錯過那個活動。也因此沒有人是真正在「享受當下」，這也就表示，大家不管身在何處，其實都錯過了享受100％體驗的機會。

令人難過的是，這似乎是我們每天都會遇到的問題。我們在生活中面臨無數選擇，必須決定該為哪一件事情付出關注，這種抉擇的數量之多，逐漸令人麻木。更慘的是，據可信研究報告指出，我們集中注意力的時間甚至比以前變得更短。即便我們能夠在有限的時間裡集中注意力，周遭不斷出現的各種龐雜資訊，也會讓集中注意力變得更加困難。因為以上種種現象，我們更嚴格篩選能夠吸引我們注意力的事物，也變得越來越難受吸引。

同時，我們的注意力對於各種企業組織、品牌、政治人物，甚至是我們的親友、同事來說也成為非常珍貴的事物，我們的社會正由「注意力就是財富」這項趨勢驅動。目前最大的政治、經濟及社會影響力，便來自於那些最能夠吸引我們關注的人；受到這種現況影響，這種針對我們注意力的爭奪戰已經全面開戰，那些希望用每個人的注意力來賺錢，或運用這些關注來鞏固權勢的人都參與這場競爭，當前搶奪注意力的戰鬥在我們文化的各個角落比比皆是。

各家品牌努力創造更吸引大眾注意的手法行銷品牌及產品，新聞網站上煽動性的標題，更是讓大家忍不住點進去一窺究竟。政治人物則透過像路上發生慘烈車禍這種令人震驚的推特貼文來獲得關注。

能夠贏得這場戰鬥、獲得我們注意力的，正是那些藉由震驚、驚嘆的情緒來吸引關注的人。這些人譁眾取寵的舉動或許正如我們預期會令大眾對這個世界抱持更多懷疑，更精心挑選值得自己相信的事物，也更容易從原本應該要努力抓住我們注意力的事物上分心。為了因應這種趨勢，那些設計來吸引我們注意力的各種驚人手法會變得更盛大、更厲害。

## 奇人怪事大場面輩出的時代

Flugtag 飛行日每年聚集大批觀眾觀賞，他們最想看參加者飛行失敗的樣子。參加者組隊比賽打造人力飛行器，試圖在起飛後掉進台下的水池之前盡可能飛行最長的距離。

這是 Red Bull 贊助的許多盛大活動之一。比起其他大部分品牌，Red Bull 知道怎麼舉辦盛大的活動來實際賺取收入；Red Bull 主辦極限越野腳踏車活動，並且經過仔細規劃，還舉辦全世界距離最長的超音速自由落體，全球有數百萬人收看這項活動的網路直播。過去十年來，該品牌打造包括電視節目、知名雜誌以及十多項獨家活動及表演的媒體帝國。

Red Bull在打造自家媒體帝國的過程中，為數百家希望採取同樣獲益模式的品牌提供吸引大眾注意力的藍圖，並且透過這些注意力的價值獲得收益。還有一些廠商為了吸引大眾注意力的例子，不僅充滿娛樂性，還很稀奇古怪，有些甚至到有點誇張的地步。

例如Frito-Lay在網路上和信不信由你（Ripley's Believe It or Not）博物館的時代廣場館裡面，都開設奇多博物館（Cheetos Museum）。這項展覽展出了由顧客提供，包括了「林肯奇多」以及「奇多怪獸」等形狀的各種奇形怪狀的奇多餅乾。這個展覽的形式是根據冰淇淋博物館（Museum of Ice Cream）這種快閃藝術裝置的模式打造而成，冰淇淋博物館裡有許多稀奇有趣的冰淇淋主題展覽，還有像糖果屋托邦（Candytopia）這種「甜蜜蜜的盛大活動」，現場還有包括棉花糖池等等十幾個互動裝置。我在為這本書做最後潤飾時造訪當地的百貨公司，當時我還經過了萬聖節自拍館，大家可以付費跟可怕的萬聖節角色合照。

這些萬聖節主題裝置是完美的自拍背景，色彩豐富又刺激的布景很容易拍出適合發布在instagram上的照片，大大取悅了造訪者。這些活動迎合了你我想要擁有獨一無二體驗的渴望，諷刺的是，其實我們在這些地方拍攝的是與其他無數造訪者相同的照片，並且也在社群媒體上分享同一項活動。二〇一九年我們發布了「策略性的引人關注」這項趨勢，許多藉由這種手法吸引大眾注意力的團體都藉由這項趨勢獲益；自那時起，我們就看到廠商運用這種技巧的例子越來越多。

## 零售業者的吸睛策略

各家零售商也開始採用吸引大眾注意力的策略，透過令人驚嘆的各種特色贏得顧客關注。零售商的店面也從顧客購買產品的地方，轉變為讓顧客體驗產品的空間。MartinPatrick3已採用這種客戶體驗模式超過十年，跨越傳統零售商的本來的格局。

MartinPatrick3位於明尼蘇達雙城郊區的時髦區域，開設在一間有一三〇年歷史的倉庫裡，這家店販售的產品組合很少見，他們以家具搭配獨具風格的男性衣飾，再加上室內設計服務。喜愛這個品牌的人都稱呼它為MP3，這家店涵蓋的服務範圍之廣，就如同一個城市小街區的功能，不僅有酒吧還有理髮店的服務。一進MP3的店門，服務人員就會開始為顧客提供暖心服務，這點讓MP3與其他品牌產生區別。他們的服務人員會以顧客的名字稱呼對方，以友善的問候拉近與客戶的距離，也用出乎顧客意料之外，各形各色的產品以及貴賓級的客戶服務，同時攏絡新舊客戶的心。

隨著電商產業不斷成長，各家實體零售商領導者一直很擔心消費者上門只為了「看看」

實體商品，消費者變得只在實體店面試用產品，然後在其他像亞馬遜網路商店這樣的線上零售商購買。這種顯而易見的憂慮，甚至導致澳洲有一家店開始向走進店裡卻完全沒有消費的顧客收取「只是看看」的費用。

然而，零售商也在這股趨勢下逐漸轉變他們關注的焦點，開始提供更加令人印象深刻的服務，他們透過多種管道讓顧客有身歷其境的體驗，藉以抓住顧客的注意力後，再進一步引導顧客在店面或網路商店完成購買產品的步驟。這種策略甚至能夠為過去失敗的品牌提供重新出發的機會，例如零售商玩具反斗城（Toys 'R' Us）在宣告破產後僅僅兩年，就在二〇一九年宣布，他們即將推出一系列實驗性店面，孩子們可以「在商品走道之間跑來跑去，玩新玩具」。

甚至有許多以網路銷售起家、在過去打破傳統零售商性質的品牌開始設立實體零售店面，例如 Warby Parker、Glossier，甚至是最知名的亞馬遜網路商店，這些品牌開始設立實體店面有部分原因是為了吸引消費者的目光。三星的 Galaxy 系列手機在巴西里約熱內盧舉辦夏季奧林匹克運動會時，特別推出奧林匹克運動會專屬的特製手機，以及可供消費者收集的相關獎品；網路床墊零售商 Casper 也打造實體店面 Dreamery，為忙碌的曼哈頓人提供一個可以預約睡午覺的地方。

這些消費者體驗都運用了累積注意力價值最可靠的手段：說個好故事。

## 說故事的藝術

在過去幾個版本的《洞見趨勢》報告裡反覆出現的趨勢，就是「訴說幕後故事」（Backstorytelling），這是我已經花費超過十年時間寫作、教學的主題。過去十五年來我身為策略顧問及專業講者，一直對於推廣品牌幕後故事的重要性不遺餘力，我也在喬治城大學創設並教授商業品牌塑造的研究所課程。由於人類大腦傾向於關注引人入勝的故事，堆砌一大堆事實反而無法引起人類大腦的注意，因此故事是一種相當強大的行銷工具。所以各家品牌都嘗試向大眾分享他們的幕後故事及脆弱之處，藉以贏得你我的關注及信賴。胡達・卡坦（Huda Kattan）就是個好例子。

胡達・卡坦是伊拉克裔美國籍的化妝師兼創業家，她在社群媒體上為自己營造了「大家的美妝好友」的形象；她在Instagram上有超過四千萬名追蹤者，並且曾獲《時代》雜誌提名為網路最具影響力人士，因此「大家的美妝好友」這個稱號並不誇張，此外，她的個人品牌Huda Beauty建立的美妝帝國也正在急速發展。

卡坦住在杜拜，她藉由在部落格回答粉絲的問題以及拍攝教學影片，教大家使用她個人品牌的最新產品與粉絲互動。她在影片裡為自己塑造平易近人的形象，因為就像大家「住隔壁的好朋友」而贏得粉絲的忠誠度，並將這些粉絲轉變為她自有品牌產品的客戶。

龐大的美妝產品公司渴求這種聚集關注的能力。單單在二〇一八年，美妝及個人照護產品產業就有五十二項收購案，是十年來之最。這些小品牌會被大型美妝產品公司收購，大多不單純只是因為產品出色；要構想出這些產品通常不難，反而是這些小品牌的創辦者從龐大且忠誠的粉絲群身上累積來的注意力，才是真正重要的價值。

目前有像卡坦這樣的真人網紅，同時也出現越來越多「虛擬網紅」，他們也能夠從自己的粉絲族群中創造出同樣狂熱的忠誠度

## 虛擬大明星

十六歲的流行巨星初音未來在她的全球巡迴演唱會上表演，演唱會的門票都銷售一空；她唱歌的影片更在網路上跨越了一億點閱次數的里程碑，不僅如此，初音未來推薦產品的報酬更是相當豐厚。然而，初音未來藉由社群媒體席捲網路世界的現象，還不是她最令人嘖嘖稱奇的特點，令初音未來與眾不同的特色在於她並不是人類。初音未來是一個虛擬角色，自從她開始大受歡迎後，就獲邀宣傳如 Toyota Corolla 車款的各種產品，她也在由真人伴奏的現場演唱會上表演。初音未來甚至還獲邀成為日本札幌市的代言人，這裡正是她角色設定的出生地。

初音未來並不是唯一的虛擬知名人物；Shudu 是倫敦時尚攝影師卡麥隆・詹姆斯・威爾

森（Cameron-James Wilson）創造出來的「數位超模」，她擁有引人注目的外表、深黑色的皮膚。就在威爾森創造出來的 Shudu 塗上 Fenty Beauty 唇膏的照片席捲網路世界後，威爾森本人就接獲各家品牌想與 Shudu 合作的邀約，這種現象使 Shudu 這個角色快速跨越數位藝術作品的身分，成為虛擬網紅。Lil Miquela 正是另一個以數位手法創造出來的虛擬網紅，她在 Instagram 上有大批追蹤者；Lil Miquel 在二〇一九年初與真人模特兒貝拉・哈蒂德（Bella Hadid）一起為 Calvin Klein 的廣告激情相吻，也讓這則廣告備受爭議。這些虛擬網紅崛起展現出各界為獲取大眾注意力的新方式，我們在二〇一九年版本的《洞見趨勢》裡便提及這項「虛擬大明星」（Artificial Influence）的趨勢。

像初音未來、Shudu 或 Lil Miquela 這種虛擬大明星，的確能夠成功吸引年輕族群的關注，所有品牌都想擄獲年輕族群的注意力，但卻總是難以達成目標，這種現象更進一步造成各家品牌都不擇手段的想取悅這些年輕世代。這些虛擬大明星似乎真的能夠贏得這些對大部分事物抱持懷疑的年輕族群的心，正因如此，這些虛擬明星成為品牌大量投注資金的對象。

由於這些虛擬大明星都經過精心打造來抓住我們的注意力，真假之間的界線也因此變得更模糊，要判斷誰值得信任變得前所未有的困難。這份信任更因為人工智慧換臉技術（deepfakes）的出現更加受到考驗，這種技術透過人工智慧修改影片和照片，將一個人的臉疊加到另一個人身上，製造出誤導觀眾的虛假影像。

## 人工智慧換臉技術及對注意力的破壞

二〇一六年，人工智慧換臉技術因為扭轉菲律賓的總統大選結果而大受撻伐，更因此在全世界聲名狼藉。總統候選人勒依拉・德・利馬（Leila de Lima）出現在一系列偽造的性愛影片中，這些影片在Facebook上廣為流傳，大大破壞她在與羅德里哥・杜特蒂（Rodrigo Duterte）的選戰中勝選的機會，後者也因此當選菲律賓總統。

在爭議不斷的菲律賓總統大選結果揭曉後幾個月，芝加哥大學的研究團隊製作一個人工神經網絡，它能夠寫出假的餐廳網路評論，而且跟真人寫的評論根本無法區別。趙燕斌（Ben Zhao）是其中一位研究員，他指出這種科技有可能「使我們對於真假的價值觀崩壞」。

他的想法可能沒錯，有心人士及各家公司能 夠借助科技不斷進步的力量，製造出對自己有利的內容，並且藉以奪取我們的注意力、扭曲事實。科技將不斷進步，變得越來越精密細膩，因此我們勢必會對日常所接收的大部分內容更心存懷疑，甚至對那些看起來經過充分事實查證的內容也打上大大的問號。

## 關注與受操弄的憤怒

在二〇一六年川普總統勝選後的第一季，《紐約時報》出現史上最大的一次訂閱潮，在不到一個月內增加超過三十萬名數位版訂閱者。根據尼爾森（Nielsen）的電視評比資料顯示，在二〇一七年第二季，福斯新聞頻道（Fox News）、CNN、MSNBC的有線電視節目都出現兩位數的全面成長。CNN則迎接十四年來收視率最高的第一季，福斯新聞頻道則在第一季獲得有線新聞歷史上最高的評價。

某些觀察者指出，這種收視率成長是一種常被稱為「引起眾怒」（outrage porn）的媒體報導類型增加所致，這種現況相當令人憂心。「引起眾怒」的媒體報導類型，指的是刻意以會激起大眾憤怒情緒的手法寫作新聞報導及標題；不管是偏向自由派還是保守派的各家媒體都時常使用這種技巧。如果能有效運用「引起眾怒」的技巧，可以讓媒體報導變得令讀者難以忽視。換言之，因為我們難以阻止自己關注這些報導，所以憤怒成為新聞媒體業驅動收益的動力來源。

儘管許多業界都聲明，我們必須將更多注意力放在事實及不帶偏見的報導上，但觀眾還是會受有線電視典型的誇張報導和評論吸引，並且讓這些媒體嚐到受觀眾關注的甜頭。

我在二〇一七年第一次寫到有關這個趨勢的內容，並將其命名為「受操弄的憤怒」

（Manipulated Outrage），這項概念很快就成為當年最常受到談論的趨勢。現在網路上這種「受操弄的憤怒」爆炸性的增加，想要利用大眾怒火獲取利益的人，透過社群媒體散布各種令人憤怒的內容；新聞頻道則不擇手段的持續轟炸觀眾，二十四小時馬拉松式播送本應很重要且緊急的新聞，這種手段使我們常態性的暴露在駭人聽聞的報導之下。在電視轉播的各種畫面中，你我都對世界失去了真實感。

好消息是，有跡象顯示這種惡性循環造成的影響可能已經到達極限；由於媒體上充斥著過剩的誇張報導，大家開始對於讀到、聽到或是看到的各種事物在各個層面上都抱持懷疑態度。由於每則急於吸引觀眾立刻注意的「獨家」新聞，其實根本都聚焦在某些完全不重要的事情上，使我們對於這種現象越來越麻木。吳修銘（Tim Wu）在他的著作《注意力商人》（*The Attention Merchants*）裡稱這種變化為「除魅效應」（disenchantment effect）。他解釋，「當觀眾開始認為自己遭到利用——不管是覺得資訊量超載、被愚弄、戲耍或是刻意操弄，大眾的反應都會非常激烈，也長久持續，足以帶來嚴重的商業損失後果，因此必須徹底重新塑造全新方式才有可能重新打動觀眾。」

現在大家都覺得，如果這個世界可能陷於熊熊烈火之中，何必浪費時間在聞到火勢延燒而飄來的煙味前就擔心這件事呢？然而，不幸的是，即便濃煙已經飄來，還是有許多人認為那只是機器製造出來的假煙霧。如今我們無法確定該相信誰、相信什麼，也不確定自己該把注意力放在哪裡，我將這種狀態稱為「現代世界的可信度危機」。

當這種狀態發生時，我們就轉而依賴似乎可以真正信賴的唯一資訊來源——自己。

## 消息越靈通，思想卻越狹隘

周遭環繞著各種來自各家品牌、各種媒體以及政治人物爭奪你我注意力的聲浪，模糊了真假之間的界線，我們因此越來越擅長只將注意力放在必要的事物上。為了做到這點，我們更相信自己內在的價值信仰，並且靠近那些跟我們有共同價值觀的人；在這樣的過程中，人們也變得更不願意接受跟自己不同的觀點，這是我在二〇一八年提到的「追求真實」（Truthing）趨勢。

這種開始轉而內省的趨勢帶來許多影響，其中一項影響是，我們逐漸將自己的注意力寄託在單一資訊來源，認清自己該將注意力的價值放在哪些事物上。在某些情況中，這些資訊來源能夠簡單且實際的幫助我們了解世界上發生的大小事，例如我們可以跟有點自以為是但不會恣意批判，對各式各樣的事情都胸有定見的兄姊聊聊。

前電視新聞製作人丹妮爾・韋堡（Danielle Weisberg）和卡莉・札金（Carly Zakin）創辦《Daily Skimm》每日電子報，這份電子報的主要受眾是千禧世代的女性讀者，目前擁有超過七百萬訂閱者。過去兩年來，我抱持著為讀者提供與這份電子報同等價值的心態，發行了我的《洞見趨勢電子周報》，我在其中彙整每週最有趣、價值最遭到低估的文章。

可惜的是，有時候人們信賴的某些彙整資訊來源，有可能其實不是正確選擇；大部分有線電視新聞脫口秀主持人都靠著煽動觀眾的憤怒情緒使自己的事業蒸蒸日上，將對立的觀點歸類為愚蠢的想法，並且鼓勵大家以更狹隘的思想看待這個世界，從這點就可以看出，我們的信賴真的已經遭到濫用。我們從這些來源取得新聞報導時，導致《紐約時報》作家娜塔莎・辛格（Natasha Singer）所提出的「網路同溫層效應」（online echo chamber）現象，這種個人化的效應導致我們無法持續浸淫在與自己不盡相同的觀點裡並從中學習。

各種媒體資訊來源對於資訊單向操弄的狀況甚囂塵上，為大眾開放的思考能力、新想法的產生，甚至是民主價值本身都帶來重大挑戰。我們在現代世界的確獲取了更多資訊，卻也因此變得更心胸狹隘，在這種全球態勢下，保持洞見思維便成為我們每天都必須面對的挑戰。

## 「注意力就是財富」總整理

在資訊經濟的時代裡，注意力就是財富。越來越多研究報告指出，我們的注意力集中時間縮短，因此品牌、媒體以及政治人物都更加投注於這場令他們傾其所有的爭鬥，有意人士都盡己所能擄獲我們的注意力。只有擄獲我們的注意力，他們才能在我們身上榨出價值，也因此注意力成為一種新的財富形式。為了贏得這場爭奪戰，各方開始依賴震驚、愉悅或憤怒等情緒，以這些手段吸引越來越謹慎的觀眾。這種不斷持續的種種龐雜聲浪包圍你我，導致我們轉而信賴各種彙整資訊的管道，協助我們理解一切。有些資訊來源值得你我信賴，能夠協助我們解讀來自各種資訊來源的龐雜訊息，然而也有某些資訊管道則藉由封閉又聳人聽聞的訊息汙染我們的注意力。同時，爭奪你我注意力的戰爭，也導致有些人開始運用科技創造虛擬人物、編造換臉技術的謊言，以煽動憤怒情緒的手法扭轉我們的意見和觀點。

人們發現自己的注意力價值高昂，因此變得越來越謹慎，開始小心判斷哪些資訊來源才值得我們投注注意力。在這個你我對於自己的注意力價值更有掌控權的時代，我們也有責任更具智慧的使用這些價值。

## 如何運用「注意力就是財富」

### 小心引人注意的手法帶來反效果

由於針對注意力的競爭日趨激烈，為了擄獲大家的注意力，各種吸引人目光的活動和場面都會持續被使用。事實上，的確需要某程度的誇張手段才能壓過周遭的其他聲浪，但是讓人維持一瞬間的關注跟真正得到對方的注意力並不相同。更進一步來說，如果你的組織及品牌並不是定位在「創造話題」上，也有可能因此造成客戶的信賴度降低。辜負受眾的注意力或是打破承諾的代價，就是在未來無論用多少誇張手法轟炸觀眾，依然難以贏得對方的關注。

## 讓真相更透明

每個組織都需要找到新方式來擄獲消費者和觀眾。這也就表示，你得找到顧客最可能信賴的資訊來源，針對這些資訊來源發揮影響力。你可以尋求自家產品使用者的見證，請值得信賴的對象提供可以產生正面影響的感想，或是找到角色定位適合也具有影響力的人物，這個人物不僅必須信賴你的事業，也得願意為你的產品代言。

## 分享幕後故事

為了在各種資訊管道的包夾下突圍，可以分享自己的幕後故事，讓顧客知道你行事的初衷和準則。例如精品品牌愛馬仕推出一部影片，帶領消費者進入他們在法國里昂的製絲廠一窺產品製作過程。如果你分享有趣故事，抱持謙遜和脆弱的一面展現自家產品或業務，或許能夠讓現有的客戶或潛在的新客戶願意為你花更多時間（或錢）。

## 「注意力就是財富」的變革

回顧與此趨勢相關的過往趨勢：

**「徹底透明化」**（二〇一一）

徹底且強烈的誠實表現會讓行銷手法變得更具個人風格也更有效，正如同品牌直接揭露這種行銷手法，卻出乎意料的受消費者歡迎一樣。

**「創造零售信仰」**（二〇一一）

最出色的零售商會建立對產品充滿熱情的使用者族群，這些人不僅會購買產品，更會發表自己對產品讚不絕口的使用體驗，進而影響他們社群網絡裡的其他人想試用看看你的產品。

**「店面劇場化」**（二〇一二）

來年將會有越來越多零售店面運用劇場的手法打造獨一無二的來店體驗，用令人印象深刻的感受拉攏消費者。

**「訴說幕後故事」**（二〇一三＋二〇一八）

各組織發現，帶大家一窺品牌背後的故事和歷史就是激發忠誠度、驅動購買慾的最佳手法。

**「篩選彙整出來的煽情報導」（二〇一四）**

由於新聞和娛樂節目之間的界線日趨模糊，精巧的資料彙整手法使真正的新聞寫作的重要性退居次位，吸引人的內容搭配聳人聽聞的標題，帶來上百萬的閱覽次數。

**「翻轉零售產業」（二〇一五）**

各品牌逐漸投注心力在高科技個性化的店內體驗，打造品牌好感度並且教育顧客，同時與網路消費管道無縫整合，讓消費者完成實際的購買步驟並完成訂單。

**「受操弄的憤怒」（二〇一七）**

有意人士結合媒體、資料分析及廣告的力量，創造出一股持續不斷的干擾聲浪，企圖煽動大眾怒火，並且在社群媒體及實際生活上誘導出憤怒的反應。

**「追求真實」（二〇一八）**

由於大眾對媒體及各種機構的信賴遭到破壞，大家開始根據直接觀察和面對面的互動親自追求真相。

**「虛擬大明星」（二〇一九）**

創作者、企業及政府都使用虛擬創造的事物來轉移大眾認知、銷售產品，甚至將大家心裡的幻想轉變為現實。

**「策略性的引人關注」（二〇一九）**

品牌和創作者刻意運用引人關注的手法來攫取觀眾的注意力，並鼓勵大家親身參與各種活動。

**「注意力就是財富」**

第十章

# 有目標的獲利

由於消費者及員工要求企業做出更具永續性及道德感的舉措，各家公司藉由改造產品、針對議題選擇立場，優先考慮追求有永續價值的目標。

二十五年前，戶外商品零售商 Patagonia 的創辦人伊方・修納（Yvon Chouinard）寫作了一篇標題為〈未來百年〉（*The Next Hundred Years*）的文章，提出他對未來的願景。Patagonia 品牌急遽成長，因此修納必須面對困難的抉擇：把公司賣掉，為他擁護的環境議題創辦基金會；或是繼續打造這個品牌。後來他決定繼續經營品牌，「或許我們真正能做的好事就是把公司當成改變社會的工具。」他如此寫道，「把我的公司當作模範，讓其他公司知道，一家公司可以同時抱持遠見、把事情做對，並且也蓬勃發展。」

這些目標 Patagonia 都做到了。單單在過去十年，Patagonia 就對美國政府提出取回公有土地的告訴，捐助數百萬元收入並將其用於環境保護，並且率先提出「再商業化」（recommerce）的概念，讓消費者可以藉由釋出二手裝備來換取購物金。Patagonia 還推出互動式網站，讓消費者可以從生產線到裝運的過程一路跟隨產品行蹤。二〇一八年底，修納甚至重寫品牌的核心價值宣言，以突顯他們的企圖心：「Patagonia 從事業務的目標在於拯救你我的家園。」

這種積極保護地球環境的行動，對於他們的業務本身也大有益處。在過去七年，Patagonia 收益增加為過去的四倍，每年進帳超過十億美元，然而該品牌仍然持續關注他們對社會的影響力，而非僅止於關心收益成長。

儘管 Patagonia 的經營相當成功，多年來這個品牌仍是企業界孤獨的異數，Patagonia 因為積極頌揚企業利他主義到一個令人嚮往卻難以企及的高度，而被排拒在大企業的世界之外。然而，今日的世界已經有所改變，消費者掌握的權力越來越大，因此人們開始蜂擁至能夠為世界帶來正面影響的品牌，或是選擇在這些公司工作；因此，各家品牌如果跟過去一樣單單關注在業務表現上，或是僅以經濟層面的成長衡量成功，已經不再足夠。我們對於品牌的期待逐漸包含更多層面，我們希望這些企業能夠為社會議題挺身而出，並且支持他們相信的價值觀，不然他們就有可能同時失去消費者及員工。這就是我們稱為「有目標的獲利」的大趨勢，而且這項趨勢反映出商業界新的現實情況，大眾不僅期待企業做生意時更有商業倫理，這些企業也意識到，這麼做可以在業務表現上得到實際的成果。

## 賦權予消費者

過去，消費者對於自己購買的產品製程能夠取得的資訊有限。當然了，消費者的確可以閱讀食品、美妝產品和清潔產品上標示的成分表。但是好奇的消費者卻無法得知關於成分來源的資訊。

不過現在情況已經大不相同；多虧網路上的資訊越來越透明，消費者可以清楚得知各家公司或整個產業的作為，這些資訊都暴露在光天化日之下。現在我們知道血鑽石的存在，理解糖所帶來的危險，高果糖糖漿的相關資訊也成為基本常識；此外，各家公司也必須揭露他們如何運用在網路上收集的使用者資訊。

聰明的創業家和組織打造新工具，為消費者提供幫品牌、產品、職場慣例及每筆交易評分的機制，讓消費者能夠針對產品製造過程的資訊和各家企業的商業行為提出意見。

卡塔莉娜．蘭塔寧（Katariina Rantanen）就是其中一位採取這些全新舉措的創業家。她來自赫爾辛基的團隊製作了一款應用程式，讓使用者可以立即查詢美妝產品的使用成分、以及美妝公司在實踐道德行為上的表現。使用者只需要掃描產品上的條碼，這個命名極具巧思的 CosmEthics 工具就會叫出有關產品製程、是否含有遭禁用的成分、是否進行動物實驗的資訊。

名副其實的新創銀行 Aspiration 則提供了一項查詢功能，它能夠自動找出你購買的品牌保護環境及道德行為實踐的表現，並且根據你購買產品的這些公司所發布的資訊來計算個人造成影響的估計值。二〇一九年，瑞典金融科技公司 Doconomy 發行世界上第一張有碳足跡限制的信用卡，它不僅僅會計算使用者消費行為的碳足跡，還會在碳足跡到達設定的上限時，限制使用者繼續消費。

像這樣的公司也刺激了消費者運用消費行為表達立場的現代概念。由於這種概念的熱度不斷提升，其他賦予消費者更多權力的應用程式也會持續推出，協助消費者在其他產業也能夠得知更多資訊，再做出選擇。

## 彰顯價值

二〇一八年，我們提出「覺醒的消費行為」趨勢，我們認為消費者越來越清楚藉由購買產品、選擇工作以及投資模式，能夠有意義的展現他們的個人價值觀。自此開始，我們也看見像十六歲的格蕾塔．森伯格（Greta Thunberg）這樣的社會運動者成為這些價值觀的化身，她在瑞典議會外靜坐抗議的行動，點燃全球大眾開始為支持保護地球環境挺身而出的風潮。雖然這些努力大部分是為了敦促全球政府開始行動，但消費者也逐漸開始認知到他們也可以要求企業將資訊透明化，並且透過刻意購買或避免購買某些物品的行為來對社會產生影響。

舉例來說，由於大眾抵制基因改造生物、高果糖漿以及人造成分，導致許多像麥當勞或 Mars 這樣的全球大型品牌開始公布他們的產品成分來源。大眾也開始對塑膠吸管宣戰，驅使各家餐廳停止使用塑膠吸管。

消費者能夠用來彰顯自我道德觀的另一種方式則是永續投資。購買關注社會及環境議題的公司的股票，藉以改變社會，這種投資方式大幅成長。全球永續投資聯盟（Global Sustainable Investment Alliance）累積來自全球的資料，計算出從二〇一七年到二〇一九年社會責任投資成長34％，至三〇．七兆的規模。來自摩根史丹利（Morgan Stanley）永續投資機構的資料則指出，千禧世代與一般大眾相比，他們選擇投資為社會或環境造成正面影響的公司或基金的比率高達兩倍。

消費者及投資者對於擁有永續社會行為實踐的公司產生興趣，這種現象也造成各家公司在道德層面上的舉措產生相應變化。各家企業就像修納預測的一樣，開始跟隨消費者的腳步。

## 品牌選邊站

各大公司越積極的力挺他們相信的價值觀，藉以吸引有意識選擇的消費者。我們過去在二〇一八年第一次提及「品牌選邊站」（Brand Stand）這項趨勢；未來十年，勇於宣告價值信仰、選擇行善並且以出乎意料的方式挺身而出保護各種族群與地球環境的品牌，將繼續贏得大眾的心。

「品牌選邊站」這項趨勢在二〇一四年出現產生影響力的分水嶺，當時美國最大的連鎖藥局 CVS Health 決定停止販售菸草產品，分析師估計這項決定會使該品牌每年損失二十億的收益；二〇一九年 CVS Health 的執行長賴瑞．梅洛（Larry Merlo）宣稱這項大膽的選擇重新形塑公司未來，甚至改變健康照護產業的未來。在這五年間，CVS 收購了主要的健康保險公司安泰人壽（Aetna），也將他們的藥局店面轉變為「健康小站」，集中火力在提供健康照護服務及產品上，在這個過程中他們的年度收益幾乎翻倍。

不過有時候某些品牌則會比較低調的選擇立場。位於丹麥的比隆一間世界知名的工廠深處，有超過一百位工程師及科學家正在合作重新設計一項已完美存在超過八十年的產品。

樂高永續材料中心（LEGO Sustainable Materials Centre）是樂高集團內部一個組織完善的機構，致力於在未來十年內找到更具永續價值的材料，並將這種材料用來製作該公司的經典樂高磚。二〇一八年樂高永續材料中心推出了他們的第一項創新產品，以提取自甘蔗的植物性塑料製作像葉子及棕櫚樹這種有彈性的零件。

在樂高公司可以深刻感受到他們對環境付出的努力，這份用心或許能夠在玩具產業內激發更多類似的行動，特別是如果消費者注意到樂高的付出，並且也期待其他公司做出類似的前瞻性承諾，就更能敦促其他公司做到這點。

## 不同凡響的社會變革英雄

英國時尚設計師史黛拉．麥卡尼（Stella McCartney）在她的職業生涯早期就誓言絕不使用皮革、皮草或羽毛。然而，因為在時尚產業裡，作品通常都以動物產品製作而成，因此動物權益保護人士或激進的素食主義者很少在奢侈精品產業界獲得成功。不意外的，她打破傳統的抉擇最初在精品產業裡造到大肆嘲弄。

但麥卡尼並不因此灰心喪志。隨著她更加理解時尚及紡織產業對於環境造成的破壞（每年排放約十二億噸溫室氣體），她為自己的公司設立了宏大的永續目標。她的設計作品使用有機棉、回收纖維、永續種植的木材、可生物降解的塑膠包材，當然也絕不使用皮革或皮草。

在這個過程中，她成為顧客心中的英雄，這些顧客視她為對抗巨大時尚帝國造成環境衝擊的鬥士。最終，她的成功引發了這個產業在十年前想都想不到的會發生的環保運動。二〇一七年，精品牌如Gucci、凡賽斯（Versace）、Burberry 以及其他許多品牌都宣布有意跟進停止使用皮草。

這就是道德的循環——某些公司擇善固執，使消費者視其為英雄，其他公司則因此跟進行動。這種道德的循環通常起源於像史黛拉．麥卡尼或伊方．修納這樣有遠見的企業領導者。

這種道德循環造成的其他影響則在於，公司會開始對他們合作的供應商提出更多要求，在供應鏈夥伴之間促使對社會及環境更負責任的創新舉措產生。

這種效應帶來的影響有個很有趣的例子，來自田納西州北部的羅伯森郡以前遍布菸草農場，如今多虧了創業家莎拉．貝洛斯（Sarah Bellos）和她的公司 Stony Creek Colors，這些以前種植菸草的農人大多開始轉而種植靛藍植物。色彩鮮明的靛藍植物可以用來製作自然的藍色染料，取代大部分丹寧布料製造商所使用具有毒性的人造染料。這正是永續設計師麥卡尼所提出的創新概念，使擁有更多選擇權的消費者選擇向麥卡尼購買永續商品，因為這些企業支持的價值觀恰好符合消費者所追求的目標。

## 引領大膽改變

消費者願意支持那些認知到自身是世界公民的企業品牌，而也因為受到消費者的鼓勵，許多像貝洛斯這樣的創業家開始發展類似的大膽創業計畫，並藉由他們的新創事業改變世界；我們在二〇一七年首次彙整了這項趨勢，並將其命名為「登陸月球般的創業精神」（Moonshot Entrepreneurship）。

像「登陸月球」這種能夠改變世界的概念很容易因為過於大膽而被摒棄；但我們可以肯定，有許多看似自負且一廂情願的創新思維，其實正是推動了許多進步的動力來源，然而，這些大膽想法的確也時常以失敗告終。

但因為現今世界所面對的環境問題事態前所未有的緊急，我們需要大型的解決方法，因此必須抱持這種大無畏的創業精神。就在寫作本書的當下，冰山逐漸融化，亞馬遜雨林正在燃燒，關於極端氣候的新聞一週又一週的持續占據全球新聞畫面。我們的世界已經做好準備，迎接來自各方產業的積極行動對於這些環境危機做出因應的行動，這便是我們在二〇一九年提到的「加速行動做好事」（Good Speed）趨勢。

海洋清淨行動（Ocean Cleanup）就是個絕佳例子，大部分的人都認為這項極端大膽的概念不可能成功，但是它卻獲得投資者及部分人士的支持。這個瘋狂的點子來自一位二十五歲的荷蘭創業家柏楊・史拉特（Boyan Slat），他認為只要在海洋裡安裝巨大的漂浮柵欄，就可以利用大海的洋流攔截來自太平洋垃圾帶（在夏威夷及加州之間的海域經估計有大約一・三兆片塑膠漂浮物）這個區域的塑膠垃圾。

這個點子可以說是無可救藥的天真，第一次推行時也確實遭遇各種問題。但是後來，在二〇一九年十月，正好是史拉特在TED會議上台分享他的點子後的整整七年，這個系統終於奏效了。

## 引領者的崛起

我們將看到越來越多抱持明確目標且得到消費者支持的行動，出乎意料的是來自企業內部。由於消費者和企業員工都大聲訴求他們在乎的事物，各家公司也開始針對這股現象做出回應。二〇一五年，我們探索名為「主流正念」的趨勢，描述在許多企業開始投注心力利用正念力量啟發員工，藉以解決更龐大的問題，這股趨勢逐漸成長。

Lifter Leadership的創辦人伊萊莎・夏（Eliza Shah）博士和派芮許・夏（Paresh Shah）找出企業目標、正念和組織表現之間的連結。這項開創性的研究辨識出「引領者」（LIFTERS）的存在，這群被命名為「引領者」的領導角色分布在各個年齡層，他們在接受訓練將能夠引領組織裡的所有人設立目標、帶來創新思維、促進職場健康及為企業創造改變。引領者是企業中心態正向、心懷目標的員工，同時能夠引領同事、顧客、他們身處的社群及公司向上提升，而這些行動都會影響實質的商業表現。

根據商學教授拉傑．西索迪亞（Raj Sisodia）表示，採用正念、覺察練習的企業組織與其他未採取這些練習的企業組織相比，表現優異近十倍之多。

最終，那些擁有明確目標引領組織發展方向的企業不僅僅能透過改變產品、行善舉來重新形塑自身的定位，也能夠設定有野心且立意明確，旨在改變世界的目標來讓你我的家園變得更美好。

## 「有目標的獲利」總整理

在過去，品牌在面對與各種社會議題時，通常會局限在實施「輕度品牌化」的行動，不僅偏好低調的支持某些議題，也不會選擇公開展現立場。過去這曾是企業支持與其核心價值相符的倡議，並且不讓消費者覺得過分張揚的最佳方式。

然而，現在消費者期待品牌應該更加積極表現，僅僅只是坐壁上觀已不再足夠；如今各家公司必須付出努力，透過正向的商業模式，以道德價值對待員工，付出慈善義舉，以對社會負責任的方式取得資源，並且在日常營運取得利潤的過程中，同時維持對於目標的承諾，才能贏得消費者的信賴。就如同消費者刻意選擇購買某些產品、支持某些品牌一樣，員工也在追求能夠讓他們擁有更遠大的目標，同時改變世界的工作場域。

## 如何運用「有目標的獲利」

### 採取值得信賴的立場

由於企業利潤與目標的重要性前所未有，品牌及企業領導人都很可能急就章的選擇立場，或是在未曾好好思考相關行動是否能得到消費者信賴之前就為某項議題挺身而出。曾有一家金融服務事務所決定在公司內部推行支持提倡培養女性領導者的計畫，然而，這家事務所的董事會或高層卻根本沒有任何女性成員，違背其主張的目標。消費者及員工都開始追求擁有明確、積極目標的組織，他們也會更加嚴格檢視那些聲稱有明確目標，行動卻與宣稱目標不符的對象。

## 專注於深刻的影響

消費者擁有越來越多可以立刻得知企業的實際作為的即時工具（例如掃碼應用程式及網路評論），越傾向於不僅要求企業承諾行善，也期待企業做出實際成果。企業品牌如果能夠展現對世界產生實際正向影響，就能夠從顧客及員工身上獲得更多忠誠度，也能夠為投資者取得永續回報。

## 實踐自覺資本主義（conscious capitalism）

以消費者的個人立場來說，選擇的權力就掌握在自己手上。但我們可能認為自己做出的微小決定——或許是放棄製程有疑慮的產品，或是多花幾塊錢購買良心產品——根本起不了什麼改變作用。畢竟，單單靠一個人能對社會產生多少影響力呢？然而，透過持續做出具有社會責任的決定，並且思考自身消費行為產生的正面及負面影響，就能為讓社會產生連鎖反應。藉由刻意選擇購買產品以及消費的地點，我們就在彰顯對自己來說真正重要的價值，也藉此對所有公司組織傳遞清楚的訊息——我們在意企業如何製造產品、經營業務。

## 「有目標的獲利」的變革

### 回顧與此趨勢相關的過往趨勢

**「設計的英雄角色」**（二〇一三）

推廣能夠改變世界的新產品、新想法以及新風潮時，設計占主導地位。

**「企業行善」**（二〇一五）

企業逐漸將實踐目標當作企業的核心價值，顯示企業將行善的承諾視為業務的一部分。

**「登陸月球般的創業精神」**（二〇一七）

因為我們越來越欣賞有遠見的創業家，新一代的新創事業主跳脫只關注利潤的思維，開始思考他們的業務能如何為社會帶來正面影響，甚至拯救世界。

**「品牌選邊站」**（二〇一八）

為了回應兩極化的媒體氛圍，越來越多品牌感受到必須選擇立場的壓力，因此決定突顯品牌支持的核心價值，而非迎合所有人的價值觀。

**「覺醒的消費行為」**（二〇一八）

消費者因為能夠取得更多關於產品及服務的資訊而獲得更多選擇的權力，因此開始透過選擇購買產品的類別、工作的場所以及投資模式來聲明他們自己的價值觀和面對這個世界的立場。

↓

**「加速行動做好事」**（二〇一九）

人類面對的危機越來越急迫，因此許多企業、創業家及有志人士都在尋求能更快速對世界造成正面影響，進而取得成果的解決方案。

↓

**「有目標的獲利」**

第十一章

# 數據爆量

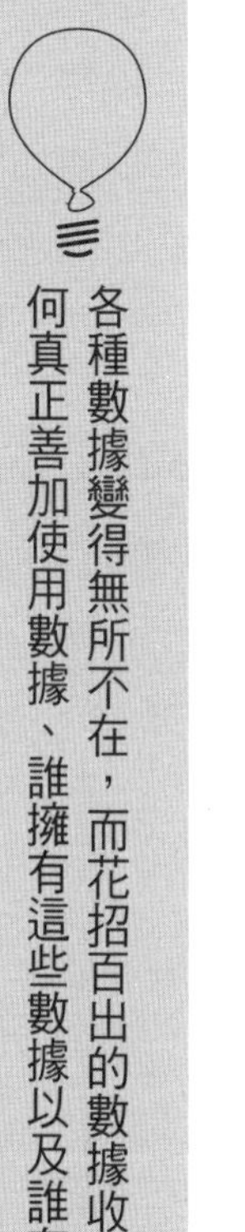

各種數據變得無所不在，而花招百出的數據收集方式更是帶來許多問題，例如：如何真正善加使用數據、誰擁有這些數據以及誰有資格從這些數據中獲益。

一九五四年，管理大師彼得．杜拉克（Peter Drucker）寫下名言：「一經量度，便能管理。」

這句名言描述數十年來這個世界如何看待數據；大家不僅欣賞量化的數字，根據數據做決策的人更能夠獲得尊重，有能力取得最多數據的企業就是世界上最富有的企業。

我們尊崇數據的文化帶來了不出所料的結果——大家都很關心如何取得更新、更好的手法來收集更多資料。不僅僅是企業持續透過他們擁有的各種平台收集「大數據」，我們持有的各種裝置也持續在產生「小數據」。可聲控的裝置收聽並錄下我們的對話，來自共享乘車應用程式的定位資料，智慧控溫裝置、串流娛樂系統、線上遊戲、健身追蹤數據以及即時交通狀況系統都在收集並儲存數據，希望由此獲益的對象都會積極收集這些資料。

因為分享這些個人資訊通常看起來沒什麼危險，所以我們大多會自願分享這些由我們自己產生的小數據。畢竟有誰會在意 Netflix 清楚知道我們選擇撥放哪一部電影？誰會介意 Google 知道你想買新的印表機？而且在某種程度上，希望藉這些資訊獲益的對象擁有了這些資訊，其實代表他們能夠為你創造更好也更個人化的體驗。

然而，有時候我們在不經意間分享根本不打算釋出的資訊。例如上傳到網路的照片時常會隱藏著像確切 GPS 位置及時間這種大數據，這些資訊能夠被用來與其他人的相片比對，能確切找出你當下跟誰在一起，甚至能夠知道你在做什麼。臉部追蹤科技也有遭到濫用的可能，因此舊金山及許多其他城市早已出於對個人隱私權的憂慮禁止使用這項技術。

除了由公司組織收集的數據以及個人在網路上分享的資料以外，數量可觀的「開放數據」也逐漸開放給大眾使用。開放數據指的是由企業及政府以透明化或定期合規要求為號召而丟上網路的大量數據。各種數據的組合導致我在二〇一八年提出「數據汙染」（Data Pollution）趨勢造成的混亂狀態已經發生，未來十年間這項問題將急遽惡化。

專家估計，世界上現存的數據有 90％都是在過去兩年內所產生，這個數量未來將持續倍增。

這就是「數據爆量」的現代世界，企業及消費者逐漸製造並收集更多更廣泛的數據集，促使我們思考幾個關鍵問題：這些數據有什麼意義？我們該如何運用這些數據？誰該擁有這些數據？而或許最重要的問題則是——誰有資格從這些數據獲得利益？

## 優質數據與無用數據

現代農業正是由數據掌控的產業，上述問題它或許能為我們提供一些答案。現在單單一間農場就能夠從埋在土壤裡的感應器、農場動物身上的穿戴式追蹤器以及監控作物的無人機獲取大量數據；這些資料能夠讓農業成為精準的產業，讓農夫可以在正確的位置種植正確的作物，並且在正確的時間收成。

部分農業團體將結合各種來源的數據，創造出能夠為整個產業帶來豐厚價值的資料。加州的 Farmers Business Network 平台就是其中一個例子，他們請農夫們分享有關化學原料的價格、農地面積及作物產量等資訊，這個系統納入來自遍布美國及加拿大總共種植二二〇萬畝農地的上千名農夫所提供的資料，只要成為平台會員就能瀏覽公平市場的原料價格、當前的作物優勢以及理想的穀物出貨點。

同樣的，這種資源開放網絡在其他產業也如雨後春筍般出現；醫學界有一款名為 Figure 1 的應用程式，上面有超過二五〇萬名醫學專業人士加入，互相分享已移除個人資訊細節的病人影像，協助醫學界的同業人士診斷棘手、罕見的病症。Figure 1 擁有「醫生的 instagram」之稱，幫助數百位醫藥界人士透過全球醫學同業的見解，為病人做出更好的診斷。

這些資源開放網絡的能見度日益增加，對於分享數據的人來說的確有許多好處；然而，得到這些好處的前提是必須確保數據品質優良，所謂優質的數據應該要即時、清晰、好管理；但數據越多，不一定越好。

來自政府及非政府組織的大量數據都開放給網路上的其他使用者使用，理論上，這似乎是一件好事，但可惜的是並非所有數據都堪用。GovLab Index 負責每年發布追蹤開放數據產生的趨勢報告，公布全球政府採取開放數據措施的程度，因此揭露了某些令人警醒的現象：

- 全球政府已開放超過一百萬項數據集。
- 這些數據當中可以機讀且具有自由授權的數據集則不超過 7%。
- 其中有96%的國家並未定期更新他們在網路上公開分享的數據集。

數據這種東西就如同投注廣告資金到社群媒體平台上的廠商學到的教訓一樣，品質遠比數量重要。

## 假帳號破壞數據

Facebook從使用者端收集到數量驚人的數據，並且從中獲得龐大利益；而為了取得這些數據，廣告商也大量湧入Facebook。Facebook上使用者的數量以及Facebook所知有關使用者的細節，都提供廣告商根據使用者價值觀瞄準受眾的巨大機會，不管是使用者在收聽什麼內容、喜歡哪些事物，還是搜尋了什麼資料，這些都是廣告商可以利用的數據。

其他網路平台也為各家品牌提供類似優勢，但是從現實層面來看，他們都必須面對同一項逐漸擴大的問題，這些平台上有許多使用者其實是釣魚帳戶、假帳戶或是機器人。

二〇一九年上半年，Facebook實施清除系統上假帳戶的必要措施。根據報導，這項清除行動是

## 數據汙染的五種類型

| | |
|---|---|
| **超量數據** | 因為獲取的數據數量太多，導致收集數據的組織無法決定優先關注的焦點 |
| **操弄數據** | 源自數據的結果或見解遭到扭曲，並透過這種操弄手段支持偏頗論調 |
| **破壞數據** | 有些人為了破壞數據而刻意分享錯誤或不完整的資訊 |
| **混雜數據** | 收集自多種來源的數據混合在一起，並且遭到數據創造者取回或刪除 |
| **逾期數據** | 數據未依需求頻率更新，數據因此並非最新資訊而失去價值 |

原刊載於二〇一八年《洞見趨勢》。

史上最大型的一次，Facebook 總共移除三三．九億個假帳戶。這些假帳戶都在半年內被創造出來，數量甚至超過 Facebook 平台上經估計約為二十四億個真實帳戶的數量。

要知道有多少社群媒體帳戶可能是假帳戶相當困難，因為大部分的平台都不願意公開分享這些數據；然而，經某些研究者估計，至少有15％的社群媒體個人頁面是自動產生的假帳戶，背後根本沒有真人操作。這麼高的假帳戶比例讓想要依照消費者喜好投放廣告的廣告商相當挫折。

負責領導行動處理這項議題的是 P＆G 的首席品牌長馬克．派里特德（chief brand officer）。二〇一七年，派里特德針對投放數位廣告的能見度、欺詐問題以及缺乏品質量測等原因，削減超過兩億的數位廣告投放成本，他也因此聲名大噪；這項措施掀起媒體界的一股巨浪，並且在業界引起爭相清除不再使用的帳戶、清理數據的風潮。

可惜的是，社群媒體上的假帳戶並不是數據汙染的唯一問題來源，使用者本身也時常是數據折損或遺失的源頭。

我在 Instagram 上追蹤我十五歲的兒子，上個月我在他的帳戶上注意到一件奇怪的事；他在自己的帳戶上分享夏天時我們在西海岸旅遊了幾個禮拜的許多照片，但是後來他的帳戶上關於那趟旅程的照片卻只剩四張。我因為擔心他在 Instagram 上傳的部分內容無故消失，所以問起他這件事。

他說：「我把那些照片刪掉了。」

「為什麼？」我對他的答案大感困惑。

「因為我不需要那些東西啦。」

我兒子的貼文讚數通常是我的十倍之多，但是這種證明自己社會影響力的狀況對他來說似乎沒什麼。我把社群媒體當成展示生活的媒介，然而對我兒子來說，他在社群媒體上發布的內容就像他在穿搭服裝，今天穿某幾件衣服，隔天就換別件。事實上，我兒子不是唯一的特例。

《華盛頓郵報》一篇文章指出，青少年會整理他們的 Instagram 帳戶，把沒得到那麼多讚或是他們不希望繼續出現在個人頁面上的舊照片刪除。但是如果使用者刪除舊照片，就會一併改變他們的頁面瀏覽次數以及相關的時間數據，導致 Instagram 想要用來營利的數據產生誤差。他們的數據越不精準，就越難賣出廣告；Instagram 因為苦於阻止使用者繼續刪除他們整個業務模式仰賴的數據，因此推出讓使用者封存舊照片取代刪除內容的功能。

隨著我們持續產出更多數據，確保這些數據狀態保持完整的需求就更急切。我在二〇一四年趨勢報告提出「過度量化的生活」（Overquantified Life）這項趨勢，這種量化人生種種層面的生活型態，為我們帶來了龐大社會成本。我們身處的世界裡，網路上的互動可以簡化成數字，人們可能會開始將這些數據的重要性放在一切事物之前，並且仰賴這些數字驅動他們的所作所為，導致值得分享的事物只剩下那些能夠從網路上的朋友或陌生人身上得到讚數和正面互動的體驗。就像是如果森林中有樹倒下，卻沒有人在樹前面自拍，我們怎麼知道真的有這件事發生？

為了引導人們跳脫這種把人生經驗視為一場可悲遊戲的現象，Instagram 主動開始隱藏貼文獲得的讚數。這項決定相當受到使用者歡迎，因此許多其他平台也考慮跟進。

然而，不管我們能不能看到這些量化人生的數字，這些數字背後的意義帶來的問題仍然存在。

## 讓數據產生意義

穿戴式健身追蹤裝置在過去幾年變得相當受歡迎，美國的使用者數量從二〇一四年的9％上升至二〇一八年的33％。這些裝置會收集心跳速率、睡眠型態、運動時間等等各種健康資訊，健康產業的供應商能夠利用這些資訊來判斷使用者的健康狀況。

然而，就如同康乃爾大學威爾醫學院的佛萊德・N・派茲曼醫師（Dr. Fred N. Pelzman）表示，健康照護供應商本身通常也很難從這些數據中理出頭緒。「我每天早上登入電子健康紀錄系統時，就會收到一大堆來自病人的訊息，裡面是他們自行記錄的健康資料數據，他們會把這些數據傳給我參考。」他在大受觀迎的醫學部落格KevinMD寫道，「看著這些無窮無盡的數據，我的腦海裡產生各種可能性、各種猜測。這些數據代表了種種可能。」

換言之，健康產業供應商有能力取得藉由穿戴式裝置收集的珍貴數據，但不代表他們就必定能夠找到這些資訊代表的意義。甚至是使用者本身都很難在這些數據裡找到除了「自我感覺良好」以外真正的意義。這些穿戴式裝置會大方鼓勵使用者，使用者只要達到任何一項目標（例如一天走一萬步），穿戴式裝置的螢幕就會出現放煙火的畫面激勵使用者。因此這些裝置雖然收集大量數據，卻對使用者長期的健康狀況或快樂程度沒有太大的潛在影響。

對於小數據分析來說，這種找不到數據意義的狀況是很常見的困境；但是那些對人類來說，本來就太複雜而難以分析的大數據，究竟面臨什麼情況呢？因為大數據太過複雜又數量龐大，大部分的組織仰賴機器學習或人工智慧來自動化瀏覽大數據，並且立刻從中找出有用的觀點。

中國保險業巨頭中國平安保險完美展現這種運作方式的潛力，他們花費三年時間，讓自家公司的人工智慧閃賠系統臻於完美，這個系統將車輛毀損的照片與儲存在中國境內銷售的六千種車款、兩千五百萬種部件的資料庫比對；接著計算在中國各地超過十四萬家車廠修理車輛毀損的零件費用及維修工錢。這項系統更加入臉部辨識功能，能夠解讀消費者的臉部表情，偵測出可能的欺騙狀況或潛在的保險詐欺事件。據統計報告指出，實際使用這項系統的第一年，這款人工智慧閃賠系統就為中國平安保險處理了超過七百萬件理賠案件，省下超過七・五億元。

由於收集數據的數量不斷攀升，能夠及時整理數據並找出意義所在的公司就能藉此獲得龐大利益。但各家企業如果想要透過收集來的數據獲益，就必須保證他們有利用數據的權利，有時候企業所面對的現實並非如此。

## 數據所有權和有利可圖的數據

社群媒體平台以及連接網路的裝置遍地開花，讓我們能夠當下立刻捕捉自己的所有行動及想法。這些數據大部分不像一般的大數據由廠商獲許可向使用者索取，或是以傳統形式由各家廠商擁有，所有權在消費者手上，因此，消費者擁有的「小數據」對上品牌持有的「大數據」。未來幾年企業所面對最急迫的問題是，我們是否應該選擇繼續跟過去一樣，隨意與這些企業分享我們創造的數據。

現在網路上充滿引誘我們以個人資訊交換某些獎勵的網站；想要買活動票券或是下載免費的報告嗎？只要填入電子信箱就沒問題。想要註冊產品？回答簡短的問卷來啟用產品保固。

除了這些以表格形式收集的數據以外，我們花越多時間瀏覽網站並且在購物車加入商品，或是透過社群媒體分享或發表意見，廠商就能收集到更多關於我們的數據集，並且用這些資訊來對我們行銷，或是針對你我的喜好提供產品資訊。

即便我們自願拿自己的數據來交換某些好處，你我還是會對於這些資訊細節被怎麼使用感到憂慮，這種情況就如同我在二〇一四年寫過的「對隱私的偏執」（Privacy Paranoia）趨勢一樣。然而，大家都會受行為經濟學中「立即獲益」效應影響，我們自願分享資訊是因為可以馬上得到好處，而其中的風險卻會延遲出現。

由於我們持續使用收集巨量數據的智慧型裝置，大家都將會從數據的創造者轉變為數據的即時消費者及擁有者。我們自己創造出來的數據會儲存在某些平台上，我們也可以從這些平台取得自己產生的數據，例如似乎完全無害，可以連結無線網路的茶壺以及追蹤情緒的手環；因此只要提供我們恰當的誘因，你我就會向願意提供誘因的對象分享資訊。

在這樣的世界裡，消費者會以全新方式直接從「數據爆量」中獲益。個人數據開始為個人帶來好處，人們願意分享哪些數據、願意讓收集來的數據對於生活產生多深遠的影響，這兩者之間的平衡將會改變。可惜的是，有時候你我別無選擇。

## 社會信用及評分

二〇一八年底，Uber 讓惡劣的行為必須付出社會代價。

超過十年來，評分的概念一直是一種單向互動；社會上存在各種可以幫零售商家、餐廳、醫生、老師評分的平台，這些平台都擁護同樣的基本假設——消費者才是負責評分的一方。也正因如此，消費者變得相當信賴這些評分，以至於有許多餐廳或產品僅僅因為網路上低迷的評分而不得不停業或被撤下貨架。

如果這種評分機制也能反過來運作呢？Uber 及其他共享駕駛平台都在使用這種反向評分機制。不僅僅由你替負責駕駛的司機評分，司機也可以為乘客打分數。如果你在 Uber 上的分數低於 4.0，未來可能會被拒絕搭乘。

未來運用評分數據的極端例子在中國出現。過去幾年，中國開始實驗「社會信用系統」計畫，這項計畫根據國民的行為提供「社會信用」評比。在這項系統裡，如果自願服兵役或準時繳帳單就能得到獎勵；而像危險駕駛或在網路上發布假新聞這樣的舉動就會遭到懲罰。

懲罰的種類包括不允許犯錯的國民搭乘飛機或火車，也會限制國民求職的可能性，同時優良的社會信用分數，則代表能夠擁有更多較佳的銀行利率或是辦旅遊簽證的速度更快。對許多觀察者來說，這整個系統似乎就像終極的科幻反烏托邦情節。在這種環境裡，人們會僅僅因為在這個由國家掌控的系統裡獲得低迷評分而被社會排斥；其他人則認為這些批評是「遙遠未來裡的最糟情況」，所以這種恐懼可能遭到過分誇大。

未來，這些議題恰恰就是「數據爆量」這項大趨勢會帶來的各種問題。我們收集越多資訊，就必須面對越多如何詮釋數據的困境，也必須進一步理解這些詮釋為你我生活帶來的意義。

## 「數據爆量」總整理

因為社群媒體及智慧型裝置的存在，公司及消費者都被難以理出頭緒的大量數據淹沒；通常這些問題的關鍵在於收集的數據集不夠完整，或是數據太龐大而難以提取出其中的意義。為了解決這項困境，擁有這些數據並且需要進行分析的各種組織團體將逐漸仰賴機器學習的技術來篩選數據，並且自動產生關鍵的見解及關於下一步行動的建議。

數據的所有權及對數據產生的期待，或許就是「數據爆量」趨勢最重要的意義。由於消費者透過智慧型、連網的個人裝置，搖身一變成為製造龐大數據的一方，他們將會對於自己所產生的數據要求擁有更多控制權及所有權，也會對於如何運用個人資料更加精打細算，更謹慎選擇分享資訊的對象，並且對於自願分享這些資訊時可以獲得的誘因也會有更多期待。

# 如何運用「數據爆量」

## 讓消費者覺得自己提供的數據是值得的

對於自己的行為所產生的數據，消費者會越來越要求控制權，因此廠商就必須提供更多誘因，讓消費者自願分享數據。因為消費者擁有更多權力，他們有時候會採取極端舉動來宣告對於數據的所有權，例如要求廠商改變政策，或是刪除整個帳戶。因此想要從消費者數據獲得利潤的企業就必須做出調整來因應這些變動，必須提供更多透明資訊，提出會根據道德規範使用消費者數據的承諾，並且為消費者清楚展現其中的價值。

## 根據數據問更好的問題

企業會出現盲目跟隨數據行動，或被各種數據淹沒的問題常常是因為沒有針對數據問對問題。與其只是讓消費者填寫問卷上的空格，不如考慮發展出一套數據策略，探索哪些問題的答案才真正有價值，並且更用心思考現有的數據（或是未來將收集的數據）能如何運用來回答更龐大、更巧妙的疑問。

### 清理數據

收集數據時，別再只顧數量不顧品質了。如果你了解對於公司來說數據的好壞區別是什麼，就應該立刻行動，將受到汙染的數據從現有的資料庫清除，並且更新系統，從源頭開始避免這些不可靠的資訊進入資料庫。

## 「數據爆量」的變革

### 回顧與此趨勢相關的過往趨勢

**「測量人生」**（二〇一二）

追蹤工具可以監控並量測生活中的每一個層面，進而提供個人化資訊。

**「過度量化的生活」**（二〇一四）

穿戴式裝置提供了收集數據的全新方式，然而這些數據的實用性被限縮在膚淺的分析層面，無法提供可以付諸行動的洞見。

**「對隱私的偏執」**（二〇一四）

種種數據洩漏的事件導致全球性焦慮，我們對於政府跟品牌到底對你我了解多少感到憂慮，並且擔心他們可能非法使用這些資訊。

**「小數據」**（二〇一五）

由於越來越多消費者開始收集自己所產生的數據，品牌擁有的「大數據」變得相對於不再像由消費者所擁有、且存在立即可行性的「小數據」那麼重要。

**「超量數據」**（二〇一六）

由於個人數據、開放數據及企業數據的數量實在太多，導致各種組織放棄使用演算法解決面對龐雜超量數據的困境，轉而尋求人工智慧、新的策展彙整方式及新創團體來為他們找出數據的意義。

**「數據汙染」**（二〇一八）

我們創造出越來越多量化周遭世界的方法，導致各種數據遭到操弄、混雜及破壞，要分辨真正的洞見及無用的雜訊變得更加困難。

**「數據爆量」**

第十二章

# 科技保護與偵測

智慧型科技協助我們偵測健康狀況、進行銀行交易與提供各種環境保護，讓大家的生活更方便。但是，在更加依賴科技保護的同時，我們也交出自己的隱私。

過去十年來，不管我們有沒有意識到科技的存在，都已逐漸習慣有科技的保護，各種科技也在我們日常生活的各個層面無處不在。前往機場的路上，我們可能就會收到簡訊通知班機起飛時間改變；在我們有不尋常的大筆花費時，銀行會打電話或傳簡訊確認交易真實性；坐在桌子前超過兩小時，我們身上的穿戴式健身追蹤裝置可能就會震動，提醒我們起身走走。電子信箱的演算法早在我們收到郵件以前把可能是垃圾郵件的信移除。

預測智慧型科技不僅僅協助我們擁有更健康、簡單、安全也更有生產力的生活，也幫助我們保護環境、享受更有效率的社會。然而，我們越習慣這些裝置的存在，就越會盲目依賴科技，這也就帶來各種問題，畢竟讓科技直接為我們做某些似乎依然存在疑慮。我們是否因為依賴科技，而把自己跟民主過程脆弱的暴露在駭客、詐欺犯、有意操弄者以及其他可能想傷害你我的人面前。這就是「科技保護與偵測」（Protective Tech）大趨勢的核心議題；我們想要擁有預測性分析技術的好處，就必須犧牲隱私，這項議題勢必會引起多年討論。

想要了解「科技保護與偵測」帶來的風險是什麼，最好就從健康照護領域開始討論，在這個領域裡，是否能找到便利性與隱私之間的正確平衡，會帶來生死攸關的後果。

## 機器人諮商與體內裝置

你會考慮讓機器人當你的諮商師嗎？艾利森．達西醫師（Dr. Alison Darcy）認為這是個好選擇，她認為因為機器人不會批判我們，人類在面對機器人時與面對真人相比，大家會比較誠實表達自己的身心狀況。身為史丹佛醫學院的心理臨床研究學者，達西研發出令人喜愛的Woebot人工智慧聊天機器人；這款機器人的設計，是希望運用與認知行為治療師一樣的方式與患者互動，Woebot會對患者提出開放性問題，鼓勵他們反思自己的情緒。這款二十四小時待命的聊天工具以應用程式為運作基礎，藉由像是「你現在心情如何？」這種一般問候語，鼓勵使用者更樂於談論自己的情緒。

Woebot只是發展人工智慧科技來協助人們更完整掌握心理健康的其中一個例子，有些預測性分析科技甚至可以拯救生命。Facebook曾發展能夠在使用者張貼內容顯示出他們可能傷害自己或他人時進行偵測及預警的工具，這些工具存在的目的是希望能及早警示貼文內容出現這些跡象的使用者的親朋好友，讓他們得以提前介入干預。

二〇一三年，義大利布雷西亞大學的研究者發現，網路博弈的賭徒在大輸以後，下注的規律很可能會出現可預測的鋸齒狀型態。因此哈佛醫學院精神科醫師霍華・沙佛（Howard Shaffer）領導的團隊與線上博弈網站合作，利用他們的數據，研發出預測賭徒行為的演算法，能夠在某些人的行為可能顯示出他們即將成為問題賭徒以前及時介入。

雖然利用預測性科技來保護心理健康是相對新穎的議題，但我們運用智慧科技追蹤身體狀況的現象已經存在一段時日。穿戴式健康追蹤裝置的發展急遽，我們用這些裝置來監控包括心律、睡眠型態，甚至是姿勢等等的生命指標。新一波的裝置甚至將健康監控提升到從身體內部進行監控的層次，這些微型裝置被稱為「體內分析」（insideables）裝置，可以用吞嚥、注射或植入體內的方式進入我們的身體，透過電子訊號發送生物統計數據，協助診斷病症並追蹤整體健康狀況。

## 預測性健康照護

由於科技進步，這些感測器將變得更便宜也更容易使用，也因此會更加普及。它的發展也不再局限於辨識健康問題，更可以開始監控你我的健康狀況、追蹤我們是否服藥，甚至在我們感受到任何症狀前就辨識出疾病，藉此來協助治療。

健康科技新創公司 FacePrint 就是一個例子，這家公司創造一項能夠藉由人臉辨識軟體來診斷帕金森氏症的工具，其靈感來自一位深深著迷於研究「微表情」的心理學家保羅．艾克曼（Paul Ekman）的中學生。

無處不在的追蹤與偵測就是健康照護的未來面貌，從你在自拍照裡的臉部表情到來自健身追蹤裝置的數據，都能夠用來有效提升健康狀況、診斷病症，甚至預測自殺的可能性，並在實際發生前介入。

由於追蹤裝置及預測性科技被拿來管理我們的身心健康狀況，這些裝置收集的資訊也開始被用在一些會讓你我不太舒服的用途上。

例如：自動販賣機製造廠商 Rhea Vendors 推出一款結合人臉辨識技術的販賣機，這款販賣機會根據購買者的年齡、醫療史或過去的購買紀錄，來拒絕販售垃圾食物給購買者。這款對購買者進行食物羞辱、拒絕販售糖果的販賣機，正印證許多批評者認為個人健康數據可能會遭到濫用的憂慮。

我們希望智慧型科技能夠協助你我掌控生活（本書以健康照護領域舉例），卻也擔心會因此危害我們的隱私，這兩者之間的緊張拉扯隨著這項科技變得無所不在，也隨之甚囂塵上。這自然就引發一項疑問：我們該把這麼多與健康、生活相關的決定交給機器嗎？　然而，我們家裡所有的智慧型科技產品都會建議我們把決定權交出來，而在某些環境裡，我們已經將決定權放在機器手中。

## 自動化的成人生活

試想你住在飯店裡，結果發現自己忘了帶牙刷，你打電話給櫃檯跟服務人員要了一枝，幾分鐘後機器人管家就把牙刷送到你房間。留宿於跟舊金山灣區的機器人新創公司 Savioke 合作的十幾家飯店就可以期待獲得這種服務。Savioke 是近來快速發展的實用服務性質機器人領域的先驅，這些小型機器人幫手擅長盡可能安靜且有效率的執行家務。如今，你能購買除草機器人，還有可以利用相機「讀取」食物類別後決定要將食材烘烤多久的智慧烤箱；你還能買到有灰塵感應功能的吸塵器、智慧馬桶以及能夠偵測有人靠近的門鎖，在有人靠近門邊或離開家裡之前先預測使用者行動。

還有其他許多科技研發的新工具，讓我們完整掌握家務。例如：能夠記錄歷史購買紀錄的家用品購物應用程式，自動發送簡訊確保使用者定期拿處方籤領藥，以及可以自動支付帳單的個人財務應用程式。負責任的大人每天必須應付各種柴米油鹽醬醋茶的瑣事，很明顯的「當個負責任的大人」必須肩負的零碎瑣事也開始自動化了，就像我們在二〇一六年第一次提到的「長大成人過程自動化」（Automated Adulthood）趨勢內容所述。在現代家庭，我們不再需要記得撢灰塵、清掃、鎖門、關燈或甚至沖馬桶：每件事都有機器代勞。

我們的工作場所很快也將充斥各種智慧科技。二〇一五年勤業會計事務所（Deloitte）位於阿姆斯特丹的總部——Edge，被譽為「全球最智慧建築」。這棟大樓會與員工的手機連線，因此可以知道員工何時開車進停車場，並且根據每個人喜歡的室內溫度建議員工到特定位置辦公，建築本身包含開放天井的設計，些微的溫度變化及空氣對流能讓室內空間，感覺起來就像在室外一樣，即便外面在下雨也能讓員工有在戶外辦公的感受。

由於「科技保護與偵測」這項大趨勢將在未來十年嶄露頭角，新一代的年輕消費者期待科技能改善他們生活中的每分每秒。但由於這些年輕人越來越依賴科技替他們處理身為大人要負擔的各種瑣事，這些年輕族群是否也會失去處理人際關係時掌握細節的能力，並且將這些瑣碎的事情也全都交給科技包辦？

現在有一款很可笑的 BroApp 應用程式，設計的宗旨是用來幫男人「外包」戀愛關係，這個應用程式會自動發送簡訊，讓使用者的女朋友知道他們有多愛對方，同時也會發送其他浪漫訊息取悅女朋友。另外一款沒那麼極端的戀愛關係管理應用程式則會提醒使用者伴侶的生日到來，並且自動發送祝福。甚至連IFTTT（If This Then That）這款應用程式也能夠讓使用者橫跨多款應用程式創造一系列行動組合，為那些伴侶著迷於社群媒體的人解決苦惱的問題：「在你女朋友上傳新照片時即時收到通知，就能在她生氣之前按讚。」

無庸置疑，預測性分析科技的興起會持續幫助我們擁有更簡單、更安全的生活，然而我們也可能會因此太依賴科技，希望科技能為我們包辦所有其實最好自己處理的事。不過智慧型科技甚至能為環境帶來更重大的影響。

## 反盜獵無人機及空中監視

二〇一九年，我有幸加入由南非的科學家及國家公園管理員組成的團隊，深入樹叢間參與拯救犀牛的行動。我們那天早上的任務是追蹤一隻黑犀牛，並從牠的耳朵上剪掉一小塊皮膚做標記。數十年來，耳朵上的標記成為追蹤這些瀕危動物並且保護牠們避免遭受盜獵的主要方式。現在這些在地面上行動的團隊也有了來自空中的協助。非洲的保育團體開始使用無人機巡視野外地區，在盜獵者行動之前發現他們的行動並逮捕這些盜獵者。許多組織都開始使用智慧裝置來將監控土地以及保護動物、環境的行動自動化。

在長江流域上空，中國政府的「天河工程」採用不同影響自然環境的科技，包含裝設能夠製造碘化銀粒子的機器，以人工方式形成雨雲並藉此造雨。計畫初期的估計指出，這種操控氣候的人工造雨程序最終能製造出高達中國整體年消耗水量7%的降水，對於中國十四億人口來說是一大福音。

然而，人工降雨並不總是被運用在無私的用途上。例如二〇〇八年夏季奧林匹克運動會，中國運用這項技術確保靠近北京的雨雲在抵達首都之前就會把雨下完。在個人使用的層面上，有一家歐洲公司為焦慮的新娘提供高端服務，利用同樣的人工降雨科技避免新人婚禮當天下雨，這項高級服務要價十萬歐元起跳。

這些案例都引起了複雜的問題。

確實，奧林匹克運動會如果可以不下雨，世界各國都會獲益，但是讓私人公司甚至是政府改變天氣，好讓個人或單一事件獲得好處真的符合道德規範嗎？無人機可以用來保護瀕危的野生動物，但如果被狗仔隊用來拍攝非法照片，或是被恐怖分子利用來破壞空域的交通又該如何是好呢？

在這些科技為全球帶來各種益處的同時，也常常使我們犧牲隱私權及在公民自由上付出相應的代價。

這些問題為「科技保護與偵測」大趨勢蒙上一層揮之不去的陰影。監督團體及心懷疑慮的公民都對於利用保護型科技所需付出的真正代價提出公開質疑，並且憂心這會讓他們暴露在投機壞傢伙帶來的危害之下。我們已經開始注意到這些壞傢伙的出現。

## 愛沙尼亞帶來的教訓

愛沙尼亞是波羅地海旁的前蘇維埃政府國家，全國只有一三〇萬人口，但即便幅員狹小，他們的科技發展成熟度可不容小覷。愛沙尼亞是全球第一個將網路取用權視為基本人權的國家，也是探討國家如何拋開老舊系統並將如銀行服務、稅務及投票等許多服務移置網路的研究案例。

愛沙尼亞也是數位身分辨識的先驅。數位身份辨識是每位公民都有一組的獨一無二數字串，跟美國使用的社會安全號碼類似。由於大部分的重要工作都移轉到網路上完成，並且根據數位身分辨識進行追蹤，因此以往需要花費數小時完成的麻煩文書工作（例如報稅、銀行開戶，或是申請營業許可）大部分都已自動化。

## 駭客如何拯救世界

由於許多國家將政府數位化後便仰賴智慧型科技營運，也因此成為網路攻擊的重要目標。愛沙尼亞從二〇〇七年的數次組織性網路攻擊恢復元氣後，打造一項能避免他們未來再次受到攻擊的工具，而愛沙尼亞保護國內二〇一九年大選避免遭到操弄的方法，也成為保護民主選舉完整性的範例。

維護科技性選舉的安全，並且避免選舉結果遭到惡意人士操弄的議題，成為全球多數政府的首要問題，這些國家政府也因此接受來自一個意料之外的族群的協助。幾年前，一群來自漢堡的駭客Chaos Computer Club在德國大選前刻意揭露投票軟體的安全漏洞，他們保護選舉過程的完整性，避免俄羅斯駭客破壞德國大選而廣受讚譽。現在政府開始招募這些選擇運用自身技能發揮正面影響的「白帽駭客」，政府向這些白帽駭客提出挑戰，讓他們嘗試駭進現有的系統裡，如果成功就支付獎金。藉由駭進選舉系統，這些駭客找出系統的漏洞，政府就可以在犯罪者發現這些漏洞以前修正瑕疵。

這項保護科技投票系統的舉動也獲得大型科技公司的協助。最近微軟推出免費的開放資源投票軟體ElectionGuard，保證能夠協助政府發現駭客嘗試影響投票的行為，並且避免操弄選舉結果的情形發生。

雖然有部分國家希望跟隨愛沙尼亞的腳步將政府系統數位化，並且致力於維護數位政府系統，但大部分的國家還是覺得這項未來展望令人卻步。畢竟愛沙尼亞是個小國家，比較容易全面執行改變；對規模更大的國家來說，要拋下過去龐然大物一般的系統似乎不太可能。這些困難之處正好就是私人公司可以提供協助的痛點，私人公司可以為消費者提供解決方案，將以往面對複雜、官僚的法律及金融系統的種種龐雜過程變得更簡單也更安全。

## 一鍵訴訟與機器人顧問

二〇一五年，十八歲的英裔美國籍學生約書亞．布勞德（Joshua Browder）寫了一個會自動對停車罰單提出上訴的軟體。之後四年的時間，他的 DoNotPay 應用程式幫助人們省下超過兩千五百萬元，並且為他帶來將近五百萬元的創業投資資金進一步發展這個平台。

從那時開始，這款應用程式的功能就不斷擴展，並且以「全球第一個機器人律師」的定位重新推出，承諾幫助大眾「與企業對抗、打擊官僚體制，只要按下按鍵，就能對任何人提出訴訟」。這款應用程式可以運用在各式各樣的事情上，在有人被強迫遷離居處時協助這些人申請新的棲身之處；或幫助消費者在遭遇數據外洩的情況下對大型企業提出告訴。他們推出的最新的功能，則是可以為使用者產生免費虛擬信用卡卡號的小工具，這樣使用者在註冊任何服務的免費試用期時就不必使用真實姓名，試用期結束後，這張虛擬信用卡也會自動取消，不會再繼續被收取費用，使用者也不必再花費力氣記得取消訂閱服務。

這款應用程式及其他數位工具承諾主動保護消費者，研發團隊想傳達的訊息也非常清楚：自動化能夠成為抵抗掠奪型服務的保衛者，幫助消費者為自己挺身而出。

預測性分析科技會持續強化專業人士提供的服務，保護消費者免於支付過高費用或是獲得偏頗建議。有些專業人士會跟上科技發展的腳步，進而強化自我變得更不可或缺，也有些人則是抵抗自身角色在順應未來情勢時必須產生的轉變，靜待被淘汰的那一刻來臨；自動化科技會導致這兩者之間的緊繃態勢節節攀升。

## 「科技保護與偵測」總整理

未來，燈具將能預測我們的動作並自動開啟燈光；健康追蹤裝置會默默的監控我們的生命徵象，在某些跡象出現時提醒我們注意；人工智慧投資追蹤系統會為我們管理財務，在必要時做出調整；無人機為我們保護野外地區，並且巡視空域；數位化政府則讓我們能夠花幾分鐘就精準報稅。

預測智慧型科技早已讓我們的生活更便利也更安全，但為了提供即時服務，這些科技必須「耳聽八方」，每分每秒收集關於使用者以及周遭環境的資訊。保護型科技變得越來越精細，但也將帶來更多爭議，我們究竟該允許科技追蹤日常生活細節到什麼地步？個人隱私及自由與社會的公眾利益相比，到底孰輕孰重？

## 如何運用「科技保護與偵測」

### 做科技的榜樣

就像小孩一開始都是從父母身上學習如何反應一樣，機器人也是從人類身上學會各種能力。例如：早期有一款人工智慧聊天機器人推出時，研發人員讓它從推特學習如何參與「悠閒又有趣的對話」，但這個機器人竟然在幾週內就發展成一個「種族歧視的渾蛋」。由於學習型科技越來越聰明，這項科技的進步很大程度上是仰賴觀察人類，並且解析人類創造的媒體而來，這也將成為人類面對的一項不同以往的挑戰，就像我們必須當孩子的榜樣一樣，我們將有越來越多機會必須做科技的榜樣。

### 辨識並感謝科技的保護

未來保護型科技的存在將隱藏得越來越好，以至於我們會沒有察覺到這些科技的存在，忘了感謝這些科技保護我們，或是忽略它們的價值。接下來我們必須更努力才能繼續意識到保護型科技隨時存在你我身邊，才能夠避免過分依賴這些科技。

**提出更多科技透明化要求**

我們看到越多「科技保護與偵測」趨勢的潛在應用方式，為我們提供科技保護與偵測的廠商就更需要將資訊透明化。對於整個社會來說，保護型科技會帶來正面還是負面影響，將越來越取決於獲得這些資訊取用權限（或要求取用）的對象的目標及道德規範。

## 「科技保護與偵測」的變革

回顧與此趨勢相關的過往趨勢

**「預測性的防護」**（二〇一五＋二〇一八）

各品牌打造出越來越多智慧產品監控我們的安全及健康狀況，在需要採取行動時提出警示。

**「長大成人過程自動化」（二〇一六）**

人類完全發展為成年人的時間拉得更長，創新服務開始協助你我將各種一般成人必須肩負的瑣事自動化。

**「機器人復興」（二〇一七＋二〇一九）**

機器人科技的進步（包括發展出像人類外觀的介面）為我們帶來人類與機器人之間關係的種種議題。

**「隱身於你我身邊的科技」（二〇一七）**

科技變得越來越能夠預測你我的需求，同時更天衣無縫、更令人難以察覺的融入我們的生活，也隱身於周遭世界。

**「科技保護與偵測」**

第十三章

# 流動型商業模式

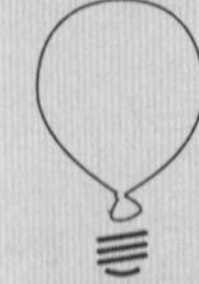

由於各產業之間的分野逐漸消弭，我們銷售及購買物品的方式也持續改變，引致了商業模式、分銷管道、消費者期待甚至是創新本身的持續突破。

二〇一二年，西班牙政府通過極具破壞性的新稅項；為了使經濟復甦及採取經濟緊縮措施，新通過的法案大幅增加劇院表演的稅收，從8%增加至21%。法案通過後一年間，全國劇院的觀眾比例大幅下降30%。

絕望的劇院業主嘗試各種力求生存的新方法。例如有劇院選擇販售高價的胡蘿蔔（因為胡蘿蔔不必抽稅），可以十六歐元的價格買到胡蘿蔔與隨付的「免費」劇院票券。最有創意的解決方法大概是來自喜劇劇團 Teatreneu 的新措施，他們的表演不會在入口收費，而是看完表演從出口離開時觀賞者根據表演的好笑程度付費。劇場裡的每個座位都配備一台平板電腦，利用臉部追蹤技術紀錄每位觀眾在演出過程笑了幾次；每笑一次就計費三十歐分，上限是原本票價的二十四歐元。這種隨笑容次數付費的方式一炮而紅，進劇場觀賞表演的觀眾人數立刻上升35%，也啟發其他喜劇演出模仿Teatreneu的方式收費。

在Teatreneu想出方法重新刺激人們進劇場看喜劇表演的同時，一家名為Casper的公司也改變大家購買床墊的模式。Casper在網路上銷售泡棉床墊，將床墊捲起來壓縮後裝在跟櫥櫃差不多大小的箱子裡為消費者送貨上門。十年前，大家可能想都沒想過自己可以接受沒試躺過就購買床墊；然而，從鞋子到處方配鏡等包羅萬象的商品，現在消費者已經很習慣在網路上沒看過實品就直接下單購買。

在世界的另一端，前書店店員森岡督行在東京銀座的高級購物區推出一項大膽的實驗。他的森岡書店一次只銷售一本書的極端商業模式吸引全球的注意力，森岡書店每次銷售一本新書時，會投入整個禮拜的時間舉辦活動，力邀作者親臨現場，並且舉辦各種社群討論及與書籍相關的活動

從表面上來看，根據觀眾在劇場裡看喜劇笑得多開心來收費、在網路上賣床墊、一次只賣一本書的書店這幾件事之間似乎沒什麼關聯。但在過去十年來，我們持續追蹤的趨勢裡改變最劇烈的，並不是關於商品本身或銷售方式的突破，而是購買及銷售商品的管道持續破舊立

新。這項大趨勢就是「流動型商業模式」（Flux Commerce），獲得成功的公司如何逐步發展他們的商業模式和分銷方法——這正是商業界以往一成不變的部分，這些公司也改變他們不斷追求創新，努力跟上時代的方式。

我們已持續這項議題追蹤許多年，在二〇一五年我們介紹「突破分銷模式」趨勢，內容描述產品及服務遞送到消費者端的管道產生哪些巨大變動。或許最能表現各家公司如何擁抱「流動型商業模式」這項趨勢的現象，就是越來越多公司大膽踏出舒適圈追求創新，並且跨越產業以往的分野發展。

## 產業界線模糊

以前 Red Bull 只是單純的能量飲料品牌。但自從九〇年代早期開始，這家來自澳洲品牌開始拓展版圖，轉變為一個不斷成長的媒體帝國，業務囊括舉辦活動、出版印刷品甚至是全年播送的串流電視頻道。這並非 Red Bull 第一次在擴展自家產品系列的同時橫跨不同產業，Red Bull 總共收購十一種不同運動（包括足球、F1 方程式賽車、帆船運動、衝浪、冰上曲棍球及滑板等）的十五個運動團隊。但為什麼他們要大膽跨足其他產業呢？

「身為主要的內容提供者，我們的目標是在所有主要的媒體領域向大眾傳達『Red Bull

世界』的概念。囊括電視到印刷品的種種領域，再從新媒體到我們的音樂品牌，都是我們傳遞這項理念的媒介。」Red Bull共同創辦人迪特里希・馬特希茲（Dietrich Mateschitz）解釋：「編輯媒體的總體價值，再加上藉由運動團隊創造出的媒體價值，就高過於純粹的廣告花費。」

Red Bull展現公司踏出傳統產業界線的意願，他們藉此在商業競爭中展現與對手的區別，並且追求多元化發展，從許多不同收益來源獲益，同時在此過程中吸引消費者的更多注意力。

例如：第一資本（Capital One）將他們的銀行分行轉變為舒適的咖啡廳及共享工作空間。零售品牌如西榆家飾（West Elm）、無印良品、Taco Bell及亞曼尼（Armani）都開設自有品牌旅店，認為消費者在周遭環繞自家品牌產品的環境住上一晚後，會更有購買商品的意願。

在管理顧問公司的世界裡，歷史悠久的公司如ＩＢＭ、埃森哲（Accenture）、資誠（PwC）及勤業，都希望能透過他們的消費者互動及創新服務團隊取得行銷層面的進步。具有重大影響力的媒體品牌如《紐約時報》《華爾街日報》《富比士》《紐約》雜誌，近期都推出自己的客製化內容工作室，讓記者與品牌合作產出高品質內容。甚至是亞馬遜網路商店都藉由收購全食超市（Whole Foods）及設立數個日用品銷售商店，將他們原本放在網路零售的經營重點拓展至日用品雜貨市場。

過去各垂直產業鏈之間的界線涇渭分明，不過現在這些界線不僅僅開始產生變動，我們也開始質疑商業本身的基本原則——所有權。

## 從所有權到使用權

幾十年來，買車像是一種象徵自由、責任以及成為大人的儀式。但隨著高齡人口遷移進城市地區，越來越容易使用共享乘車服務，導致許多分析師預測未來想要擁有汽車的人會大幅減少。

我們似乎希望對於自己花錢買來的東西需付出的承諾越少越好，我們不想擁有一台車是因為要保養、找停車位還要洗車，我們只是單純想要有車代步。所以如果可以只花一趟路的車資，何必負擔擁有一台車必須付出的高昂成本？同樣的，如果可以直接透過 Airbnb 隨時花點錢住進別人家體驗不同的生活空間，何必擁有昂貴的舒適度假房？

這種轉變導致有些經濟學家開始使用「使用權」來描述人們對於想要的商品的控制權，取代過去使用的「所有權」一詞。換句話說，我們想使用某項產品，但是並不必要擁有它。現在的消費者比較青睞具備彈性的擁有型態，不喜歡付出長期的承諾以及固定成本。他們只想根據直接向擁有者取用的部分支付成本，並且採用每次支付（例如搭 Uber 或租 Airbnb）或是周期性的支付方式消費。

為了回應這種從所有權到使用權的轉變，各產業將他們的業務從以往銷售商品換取一次性收費的傳統前期收益模式，轉變為訂閱模式。我們在二〇一四年曾針對這項「訂閱商業模式」（Subscription Commerce）趨勢發表大篇幅的內容；這股趨勢勢如破竹，沒有減緩的跡象。

現在像微軟 Office 以及 Adobe 的 Creative Cloud 軟體，都只提供訂閱模式的訂購方案；連鎖電影院也開始推出每個月無觀賞次數上限的電影訂閱服務；汽車製造商如 BMW 及 Volvo 都嘗試運用訂閱模式，讓客戶可以每幾個月（甚至更頻繁）就換台車開。在法律專業領域裡，存在業界已久的法律顧問公司 LegalZoom 近幾年延攬擁有小眾特色的事務所加入，如協助人們提出離婚訴訟並自己掌握相關程序進度的 Wevorce，只要每月支付費用，客戶就可以隨時獲得律師、調解服務，還可以使用各種法律資源。

各種產業也都開始適應使用權的興起，接受共享市場甚至共享勞動力，這是我們在二〇一四年寫過的「合作經濟」（Collaborative Economy）趨勢。餐旅飯店業有一項名為 Pared 的服務，它為餐廳與臨時內場員工提供配對服務；Uber 也宣布未來計畫展開名為 Uber Works 的隨選人力支援業務；CargoX 則是可以為巴西境內有運送需求的各種業務、與車上還有多餘空間的卡車司機配對，進行雙邊合作。運用同樣的操作模式，Flexe 為使用者提供依規模需求租借多餘倉庫空間的服務。新創公司 Spacious 則推出一款應用程式，讓紐約的高級餐廳可以在白天時段將餐廳租借給需要辦公空間的使用者。

雖然使用權的出現導致過去固定的商業模式轉變為訂閱或合作模式，但這不代表我們就完全拋棄「所有權」的概念，因為我們畢竟還是身處物質主義的社會，不過大家購買產品的地點和消費方式都為零售產業帶來劇烈改變。

## 零售產業變動

零售產業或許是最需要因應市場購買及銷售模式的變動做出調整的產業。消費者購買各類產品的消費行為出現大幅變動，對廠商的期待也不斷增長，導致某些零售業分析師一年接著一年的宣稱該年「零售業末日」即將到來。當然，這項末日預言目前還沒成真，但在過去十年來，零售店面的環境開始轉變為盡可能為消費者提供沉浸式體驗，變得更個人化也更活潑。

例如：在零售時尚產業的店面裡，各家品牌利用像智慧穿衣鏡這樣的科技產品讓顧客比較各種打扮、拍穿搭照，甚至可以呼叫店裡的員工幫忙拿新的尺寸或品項。各品牌也開始投資「定位標籤」（nearables），透過行動裝置或經過消費者身邊的店員向消費者傳送折扣通知或服務資訊。同樣的，像 Lowe's 和 Ikea 這種居家裝修商場，都使用虛擬實境或擴增實境為顧客呈現家裡重新整修後的樣貌。

大型零售商也開始實驗使用「機器人手推車」，這種手推車能夠與顧客的購物清單連線，引導顧客跟著手推車產生的最佳動線在店裡走動，確保顧客沒有漏買任何商品。有些零售商甚至將消費空間打造成無收銀台的店面，顧客只要掃瞄條碼就能辨識他們的身分以及購買的所有物品，並且自動結帳。

零售商開始改變為產品定價的方式，產品價格更新的頻率與速度也產生變化。「動態定價」是指在消費者需求高昂時隨之增加產品或服務的價格，從雜貨到共乘服務的各種商品零售價格會隨供應與需求的狀態改變。在這種價格會隨時更新的世界裡，有些人擔心未來某些零售商甚至會運用「價格機器人」，藉由巧妙的手法確保我們每次都必須支付演算法所產生的最高價格。

購買行為的劇烈改變不僅僅使零售商的銷售策略與模式產生大幅轉變，也使各家公司以突破性的手法創造這些策略。

## 採取創新手段的創新行動

我們每天都會看到新聞報導上關於最新健康養生風潮的驚人療效；活性碳可以在消化道

裡阻擋毒素與化學物質，避免有害物質被人體吸收！藻類膠囊能夠增強腦力並且避免心臟疾病發生！金合歡纖維可以消除疼痛、減少脂肪堆積！

這些產品宣稱的效果或許有些真的有效，但也有宣稱的效果根本是無稽之談的產品。因為實在有太多只想賺快錢的網路行銷商家，以及各種「提供建議」的網站向我們灌輸種種互相衝突的訊息，大部分的人都被這些資訊混淆視聽，也因此開始懷疑各種資訊的真實性。也因為這種現象，我們逐漸變得對時下的流行趨勢轉眼就忘，這也就是我們在二〇一七年趨勢報告中寫到的「流行疲勞」（Fad Fatigue）趨勢。

大家一直都對「流行風潮」有相當程度的熱情，但是流行疲勞這項趨勢對於我們買（或者不買）某項產品的決定過程有巨大的影響力。我們每個月改變喜好的速度越來越快，這讓各家公司企業承受必須找到全新方式產生創新點子的龐大壓力。企業們努力嘗試找到「下一個席捲全球的事物」，同時也擔心必須祭出像徹頭徹尾大肆整頓業務的這種霹靂手段，才能確保自己的業務還有生存空間。這導致其中有些發現無計可施的公司，天真的直接照抄競爭對手的創新作法——這就是我們在二〇一九年提出的「創新產生的嫉妒」趨勢。

有些公司則選擇主辦像駭客松的創新競賽，推出結合創新公司及內部團隊的平台，或是在公司內部打造「創新實驗室」做為應對方式。例如福特汽車公司就在矽谷設置研究與創新中心，致力於結合最新科技及駕駛體驗。Open Innovation、卡夫亨氏（Kraft Heinz）的創新育成中心Springboard、Adidas的Brooklyn Creator Farm，以及其他無數實驗空間在過去幾年推陳出新。實在有太多相關的例子如雨後春筍般出現，因此我們在二〇一六年提出名為「內部育成」（Insourced Incubation）的趨勢，描述公司致力於把外部的創新思考過程搬到組織內部的行動。

高端零售商Nordstrom在二〇一三年推出創新機構，他們是針對這股趨勢最早實行相關行動的公司；兩年後，Nordstrom宣布縮編他們的創新機構，並且將這些員工重新分配到公司內部的其他團隊。Geekwire網站在問到與這項舉措的相關問題時，Nordstrom的發言人表示：「與其只讓單一團隊負責致力於創新，不如讓創新成為每個員工都應該努力的責任。」任何需要「從內部尋求資源」的外部技能，最終都會自然的逐漸整合進公司業務的整體過程裡。

在現代商業的世界裡，改變就是新的常態。企業開始意識到如果想要持續創新，發展新的業務模式、分銷方式、顧客參與策略以及其他能夠跟上商業界改變的必要舉措，就必須以創新的方式進行創新。

## 「流動型商業模式」總整理

我們購買及銷售產品的方式、定價模式，以及我們想要擁有還是租用商品，各種商業模式的變化都相當劇烈也相當快速。

由於曾清楚劃分各產業的界線已經幾乎完全消失，商業模式也從販售產品本身轉變為販售服務或訂閱產品的使用權；分銷過程中的中間人也在分銷模式改變的過程中消失。在這種新經濟型態下，能夠勝出的將是那些能夠欣然接受商業快速改變、能夠應對產業界線逐漸模糊的族群，這些人熱情迎接商業的千變萬化的姿態，並且隨這股脈動而改變。

## 如何運用「流動型商業模式」

### 找到模糊界線中的新點子

思考如何轉換商業策略時，想想把兩種截然不同的模式放在一起的可能性。是否能夠用賣甜甜圈的方式賣車？如果Airbnb決定開藥局會是什麼樣子？這種像腦筋急轉彎一樣的問題，能夠鼓勵我們跳脫舒適圈去思考，並且在產業之間的「模糊界線」中找到新點子。其中有些點子可能會看起來很牽強或根本難以實行，但是這些點子在你努力嘗試從瘋狂的發想一路推演至可行想法的過程中，勢必能帶你找到能夠實際付諸行動的點子。

### 制定策略，不要只是做出反應

許多公司會把發明跟創新搞混，這兩者其實有所不同。這種常見的錯誤會為你帶來空泛的點子、單一面向的產品或服務，導致你用與競爭對手沒有區別度的方式吸引顧客。跳脫產品本身之外思考才能想出全新的商業模式，才有機會整合更大的目標、為客戶提供更完整也更滿意的體驗。

### 向外尋求並支持創新者

幾乎所有努力創新也成功突破的企業，都在第一步就將創業家納入創新過程。有時候會進行新創公司之間的競賽，或是運用新穎的「反向提案」策略，由品牌向新創公司提出當下需要解決的挑戰，接著由新創公司與品牌合作發展解決方案。但是除了向外尋求創新以外，你也可以先從公司內部尋求創新思維。找出那些其實致力於創新，但確實常遭到忽略的員工，從你的組織內部找到創新發想的智囊團（他們可能是早已在執行某些有趣計畫的團隊），並且支持他們的行動，以這個團隊做為創新的出發點。

## 「流動型商業模式」的變革

回顧與此趨勢相關的過往趨勢

**「超在地商業」**（二〇一三）

新的服務與科技讓任何人都得以更輕易投資在地經營的生意，並且向在地商家購買商品。

**「快速創業」**（二〇一四）

由於開展新生意需要面對的阻礙逐漸消失，各種鼓勵創業的誘因及工具推陳出新，任何人只要有好點子，都有機會設立新創組織，就算失敗，必須付出的成本及風險都沒有以往那麼高。

**「合作經濟」**（二〇一四）

新的商業模式及工具讓消費者及品牌能借助分享與合作的力量，找到新的購買、銷售商方式。

**「訂閱商業模式」**（二〇一四）

越來越多不同業務及零售商利用訂閱方式銷售周期性服務或產品，取代過去以一次性銷售為核心的模式。

**「突破分銷模式」**（二〇一五＋二〇一八）

創作者和製造商都利用新的分銷模式，突破過去常見的銷售管道，進一步剔除中間人的存在，並且與粉絲和買家之間建立更直接的連結。

**「翻轉零售產業」**（二〇一五）

各品牌逐漸投注心力在高科技個性化的店內體驗，增加品牌好感度同時教育顧客，同步無縫整合網路的消費管道，讓消費者真正購買產品並完成訂單。

**「內部育成」**（二〇一六）

渴望創新的公司致力於以投注資金、漂亮的工作空間來吸引創新者，並且遊說他們加入。

**「流行疲勞」**（二〇一九）

消費者對於宣稱即將成為熱門話題的創新成果厭倦，並在心裡預設熱度都不會維持太久。

**「創新產生的嫉妒」**（二〇一九）

創業家、各行各業及各種機構對遲遲無法創新感受到恐懼，因此對競爭對手提出的創新舉動產生嫉妒心態，並且同時抱持羨慕與絕望的心情尋求創新手法。

**「流動型商業模式」**

第三部

# 洞見趨勢報告回顧

（2011～2019）

# 如何閱讀二〇一一－二〇一九年的洞見趨勢報告

只要整理出適當的規律，過去發生的事件可以用來證明任何事。

——A．J．P．泰勒（A.J.P. TAYLOR），歷史學家

想像一下，如果你可以回到過去，重新過十年前的生活，對自己過去看待這個世界的價值觀會有什麼想法？無論如何你的思維跟以往大相逕庭，還是相去不遠，我們大部分的人都沒有這種機會用鉅細靡遺的角度見證自己的成長。

每年修訂《洞見趨勢》報告內容的旅程讓我能持續回顧自己的成長歷程。回首過去十年，我意識到這種機會是一份珍貴的餽贈，我也在回顧的同時很希望能修正過去的歷史。我該一字不動的保持過去每項洞見趨勢的原樣嗎？讀者十年、二十年、三十年之後閱讀這些想法時，我還能為他們帶來哪些珍貴價值？於是我為了讓讀者更清楚了解洞見趨勢的來龍去脈，因此更新了某些趨勢，而不是為了改變洞見趨勢的意義或動機。

這個章節的洞見趨勢歷史逐步呈現文化轉變的過程；我可以很誠實的說，每年單憑讀者的回饋，就能讓這些洞見趨勢呈現更多歷久彌新的洞見，然而並不是每項趨勢都可以挺過時間

的考驗。

在接下來的內容中，二〇一一年起的每一項洞見趨勢都會搭配視覺圖像，並且以策展手法仔細彙整。我會先針對每一年的洞見趨勢做整體回顧，讓讀者感受該年洞見趨勢報告的氛圍及相關重點，接著評比每項趨勢歷經多年後得到的評分。

評分有A到D四個不同等級，讀者除了出於好奇快速翻閱查看有哪些趨勢得到D級的評分以外，可能還會疑惑為什麼沒有拿到F級的不合格趨勢？

我認為F應該用來評比那些完全不準確的趨勢，但我提出的洞見趨勢並不適用這種評分，因為在每項洞見趨勢發表的當下，它們的確都是以洞見思維思考得出的結果。

至於某些洞見趨勢會獲得D級評分，則只是因為它們持續產生影響的時間太短，沒有撐過預測提出的第一年。

幫自己評分非常困難，所以這些分數是由我和我的團隊收集來自上千名專家的意見回饋而得出；這些專家都參與過我獨一無二的Keynote簡報或在世界各地舉辦的工作坊，我們不僅結合了所有專家的意見，也納入來自讀者來信或網路留言的見解。

此外，我也在我的團隊裡建立起一項習慣，我們持續為過去的洞見趨勢尋找新實例，保持這項習慣，我們才能打造出洞見趨勢資料庫，觀察洞見趨勢發表之後的情況，收集相關的例子。

這種回顧、評分並評斷過往趨勢的年度儀式讓洞見趨勢報告更加完整。我們從錯誤學習到的經驗就跟做出成功預測的經驗一樣豐富，你手上的這本書，就是經過十年精煉的成果。

就如同我在本書先前內容所提到，我認為以策展手法善加彙整的洞見趨勢，最美好的部分在於就算是新趨勢也無法取代舊趨勢。所有洞見趨勢都是觀察及洞見的完美結合，我希望這些內容能夠刺激你對眼前機會多加思考，並且讓你了解如果想在未來勝出，最佳方式就是從不斷加快變化腳步的當下學習。

無論如何，我希望這些洞見趨勢都能為你激發新點子、刺激創新思維，這同時也是對於過去十年來對洞見趨勢的研究及發展的有趣回顧。

瀏覽所有趨勢並下載摘要請上：www.nonobvious.com/trends

# 二〇一一～二〇一九《洞見趨勢》總整理

隨機感令人上癮
創造零售信仰

## 二〇一一

惹人愛經濟學
名流人士在身邊
力求簡化
必要整合
策展崛起
視覺化數據
群眾協作創新
即時公關與客戶服務
網站應用程式化
慈善新面貌
員工就是英雄
分享位置
徹底透明化

## 二〇一二

企業人性化
刻意模仿人類
再多社交也寂寞
點彩畫影片製作
測量人生
合作彙整
慈善重視參與度
梅迪奇行銷
身後事數位化
即時物流

藝術行動主義
公民參與2.0
標記現實世界
改變群眾資源
店面劇場化

## 二〇一三

變老也要正能量
銀行人性化
個人募資
品牌鼓舞人心
訴說幕後故事
健康相關內容
無學位學習
珍貴的印刷品
出版夥伴關係

---

微創新
社交視覺化
設計的英雄角色
超在地商業
女力崛起
購物經驗最優化

## 二〇一四

渴望戒除科技上癮症
媒體狂熱
執著於生產力
不完美惹人愛
品牌的實用性
可以分享的人情味
篩選彙整出來的煽情報導
分散的專業知識

反性別刻板印象
對隱私的偏執
過度量化的生活
微設計
訂閱商業模式
快速創業
合作經濟

## 二〇一五

人人都想當明星
自拍展現自信
主流正念
企業行善
翻轉零售產業
行銷不再只是行銷
一望即知的內容

---

情緒也能變商品
媒體實驗與體驗
不完美
預測性防護
透過精心設計讓人上癮
小數據
突破分銷模式
微型消費

## 二〇一六

網路衝動購物
刻意的降級
變老也要正能量
超越企業對企業的行銷
描繪個性地圖
品牌的實用性

主流的非主流
努力贏取的消費機會
反性別刻板印象
虛擬同理心
超量數據
設計的英雄角色
內部育成
成人責任自動化
執著於生產力

## 二〇一七

激烈的女性覺醒
斜槓怪才
渴望戒除科技上癮症
被動忠誠度
真心追求名氣

---

令人喜愛的不完美
保存歷史
深入研究
珍貴的印刷品
隱身你我身邊的科技
機器人復興
數據也有自我意識
登陸月球般的創業精神
驚人的邊緣人
主流正念

## 二〇一八

追求真實
去性別化
覺醒的消費行為
過度分眾

品牌選邊站
訴說幕後故事
遭操弄的憤怒
光速學習
虛擬同理心
人性化的體驗
數據汙染
預測性的防護
易於體驗的奢華
觸覺的珍貴價值
突破分銷模式

## 二〇一九

策略性的引人關注
被動忠誠度
超富族群
加速行動做好事
機器人復興
創新產生的嫉妒
企業同理心
刻意的降級
極端的整理風潮
流行疲勞
超越企業對企業的行銷
懷舊的信賴感
虛擬大明星
斜槓怪才
定義混亂的男子氣概

# 二〇一一年度《洞見趨勢》回顧

原發布日期：二〇一一年一月二日

## 幕後故事與回顧

第一版的《洞見趨勢》只聚焦於行銷與社群媒體領域的趨勢，運用二十頁篇幅的視覺效果呈現內容，也對針對趨勢本身提出簡短描述，並且為每則趨勢搭配三、四則故事。儘管涉及的領域有限，這份報告推出後立刻聲名大噪，單單是發布後幾周就累積了超過十萬次瀏覽次數。

其中有些最知名的趨勢為我們帶來了許多第一次。這份報告是預測「策展崛起」趨勢的先鋒，引領了內容行銷的爆炸性風潮；「即時公關及客戶服務」呈現透過社群媒體為客戶提供即時服務的快速成長。報告中也定義了幾項互相關聯的趨勢——「徹底透明化」「企業人性化」「員工就是英雄」，這幾項趨勢都展現出行銷活動中更深一層的透明化與人性化現象。

第一版《洞見趨勢》裡最受歡迎的趨勢，無庸置疑就是「惹人愛經濟學」，人們傾向選擇跟抱有好感的對象進行商業往來。這項大受歡迎的概念也啟發我寫作同名書籍，在第一版《洞見趨勢》推出後的隔年出版。

## 2011年度趨勢總整理

- 惹人愛經濟學
- 名流人士在身邊
- 力求簡化
- 必要整合
- 策展崛起
- 視覺化數據
- 群眾協作創新
- 即時公關與客戶服務
- 網站應用程式化
- 慈善新面貌
- 員工就是英雄
- 分享位置
- 徹底透明化
- 隨機感令人上癮
- 創造零售信仰

## 惹人愛經濟學

廠商藉由制定政策及自家員工的組成使產品及服務變得更人性化，這些企業不僅抱持更遠大的目標，也使自身符合消費者的個人喜好，比忽略同理心重要性的競爭對手獲得更多優勢。

**趨勢壽命評比：A**

這項趨勢背後關於人際關係的基本原則越來越重要，也有更多品牌致力於建立與客戶的個人連結，努力持續贏得客戶好感度。

## 名流人士在身邊

社群媒體讓我們可以直接接觸以往離你我很遙遠的明星、政治人物、運動選手，不論這項趨勢的影響好壞，這些名流人士都會將更多性格層面展現在大眾眼前，我們也能真正與他們產生互動。

**趨勢壽命評比：B**

現在可以輕易透過社群媒體直接與知名人士產生連結，但也因此導致知名人士必須找到新的方式控制他們的媒體聲量、過濾網路上的威脅，並且讓自己不那麼輕易就能被大眾接觸。

## 力求簡化

生活中過量的資訊讓消費者急於追求簡化人生，透過像解除網路上的好友關係、尋找只有基本功能的產品及空間等等手段追求複雜與簡單之間的平衡，並且倚賴這些產品替他們簡化一切事物。

**趨勢壽命評比：B**

「資訊超載」的現象持續存在，消費者渴望在各種層面上簡化生活，目標是優化或整理自己的生活而非消除社群媒體上的好友關係或內容。目前這項趨勢依然存在影響力，但不再那麼有急迫性。

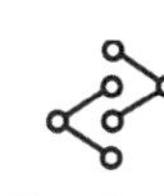

## 必要整合

整合行銷手段依然是行銷人員最大的挑戰，但要行銷人員必須參考出色的彙整實例才有辦法實踐整合的手法。想要成功整合行銷手段就必須將業界的整合程度往上提升一個層級，然而這在業界還相當少見。

**趨勢壽命評比：B**

過去四年來，整合對於行銷人員來說已經成為更重要的議題，也是每天必須面對的挑戰。透過更多工具與平台的幫助，整合行銷手段已經不再只是趨勢而是業界的標準程序了。

## 策展崛起

策展手法逐漸成為品牌尋找具備娛樂性及優良內容必備的篩選方式，並且結合這些內容贏得更多客戶信賴度及注意力。

**趨勢壽命評比：A**

這項趨勢成功預知內容行銷的興起，也顯示品牌努力在網路上與消費者大方分享專業知識的重要性，這些手法都能夠增加消費者對品牌的信賴度。

## 視覺化數據

為了讓大眾理解即時串流資訊，越來越多活動策劃人、新聞組織及品牌開始以視覺化方式運用資訊，讓資訊變得更容易理解，也能將資訊要傳達的議題説明得更清楚。

**趨勢壽命評比：B**

過度使用訊息圖表讓人開始對視覺化產生質疑，但更優良的使用者介面、遊戲化設計、訴説故事的角度依然能夠使商品脱穎而出，同時吸引消費者的注意力。

## 群眾協作創新

藉由群眾協作平台，廠商以提升知名度、賺取金錢的獎勵做為誘因，收集來自消費者的點子，部分消費者則是單純希望品牌能夠聽見自己的心聲而提出意見。

**趨勢壽命評比：C+**

收集新想法解決問題的群眾協作平台持續成長，不過這項趨勢因為以品牌為中心，因此難以呈現在其他消費型態裡的樣貌。

## 即時公關與客戶服務

由於品牌內部負責溝通的團隊相當重視即時應對公關危機的能力，因此務必要能與消費者即時聯絡，並且加強可以當下處理問題的客戶服務。

**趨勢壽命評比：B**

透過社群媒體管道提供客戶服務的方式大幅成長，不過現在這種方式不僅僅如原先預期被用來處理負面情況，更成為產生正面互動的工具。

## 網站應用程式化

由於越來越多創新應用程式讓消費者不必開網頁也能進行交易或休閒娛樂，因此從網路銀行到線上購物的許多活動都從網路轉移到應用程式上。

**趨勢壽命評比：D**

應用程式蓬勃成長，不過透過應用程式完成所有事情的這種想法從未成真。響應式設計的出現更使各種螢幕尺寸的任何裝置都為消費者提供完善體驗更加重要。

## 慈善新面貌

品牌及創業家打造了做公益的創新模式，從單純捐助金錢轉變為貢獻時間及專業技術，重新創造了人們做公益的方式。

**趨勢壽命評比：B**

這項趨勢反映了非營利及慈善組織更善加利用數位工具的現況。雖然這項趨勢持續存在，不過未曾「重新定義」現狀，而是變得更加普遍。

## 員工就是英雄

各種規模的品牌都強調員工就是為他們解決問題、提出創新舉措的英雄，藉以呈現品牌人性化的一面。這些故事也確立了公司經營的目標。

**趨勢壽命評比：B**

由於員工在企業的廣告中越來越受到重視，展現員工的高度忠誠，並且將他們定位為品牌的重要成員及推廣大使，因此這項趨勢超越了本來只在科技公司受到重視的規模。

## 分享位置

越來越多消費者選擇散播自己的所在位置，讓品牌能夠根據地點為消費者量身打造推播訊息，並且創造更多在現實生活中與客戶產生連結的機會。

**趨勢壽命評比：B**

行動行銷開始為廠商提供依地理位置行銷的選項。然而消費者仍然對於自己的隱私權是否遭侵害感到憂慮，也擔心他們走在街上隨時都會接收到垃圾訊息。

## 徹底透明化

各品牌揭露了出乎消費者意料的行銷策略，激烈的誠實表現是更尖銳也更有效的行銷手法，大受消費者歡迎。

**趨勢壽命評比：A**

社交平台及內容行銷的蓬勃發展使品牌樂於分享關於公司業務的更多真相。雖然其中有些內容可能還不到「誠實到殘忍」的地步，但這種真誠能夠帶來消費者的信任感。

## 隨機感令人上癮

品牌利用隨機內容令人上癮的特性吸引消費者，消費者也能夠在更多行銷活動的核心內容裡加入自己創造的內容。

**趨勢壽命評比：D**

目前這種手法只會在特定的行銷活動中使用，這項變動正是某些我們本來以為是趨勢，但其實只是更廣泛的趨勢中部分元素的例子。

## 創造零售信仰

最出色的零售商會建立對產品充滿熱情的使用者族群，這些人不僅會購買產品，更會發表自己對產品讚不絕口的使用體驗，進而影響他們社群網絡裡的其他人想試用你的產品。

**趨勢壽命評比：A**

社群媒體大受歡迎，讓粉絲對品牌產生像信仰一樣的熱情，並且讓粉絲不僅願意花錢購買商品，也能夠成為品牌的推廣大使。

# 二〇一二年《洞見趨勢》回顧

原發布日期：二〇一二年一月二日

## 幕後故事與回顧

由於第一年的《洞見趨勢》大獲成功，所以第二年我們持續關注行銷與社群媒體趨勢，出版後更超越第一版的受歡迎程度。第二年的版本裡涵蓋的主題包括某些敏感但開始浮現熱度的議題，例如：「身後事數位化」、「再多社交也寂寞」，也涵蓋「企業人性化」趨勢的成長。與第一版不同的是，這次的更新內容由於有許多項趨勢描述文化及消費者行為的改變，因此增添更多人性化的面貌。

第二年有幾項大熱門趨勢，同時也出現幾項大失誤。整體來說，全年的趨勢核心價值表現出企業及消費者越來越重視人性化；另一方面，我們發現這一年有好幾項趨勢其實只是特立獨行的小眾概念，「點彩畫影片製作」及「社會行動藝術」兩項趨勢的成長不如預期。

因為趨勢表現有好有壞，更敦促我精進彙整趨勢的程序，也讓隔年的《洞見趨勢》不管是品質還是趨勢背景細節各方面都有大幅進步。

## 2012年度趨勢總整理

- 企業人性化
- 合作彙整
- 藝術行動主義
- 刻意模仿人類
- 慈善重視參與度
- 公民參與2.0
- 再多社交也寂寞
- 梅迪奇行銷
- 標記現實世界
- 點彩畫影片製作
- 身後事數位化
- 改變群眾資源
- 測量人生
- 即時物流
- 店面劇場化

## 企業人性化

各家公司創造更多對消費者友善的政策及行動，不僅花更多時間傾聽客戶心聲，也提升自家員工的能見度，藉此展現企業人性化的一面。

**趨勢壽命評比：A**

這或許是我過去九年來預測的所有趨勢裡最長久不衰的一個，我們持續發現企業展現人性化面貌及企業個性的新例子。

## 刻意模仿人類

新的社交工具或產品運用人種誌分析人類如何在現實世界裡互動，它們會模仿人類行為及社交互動，融入你我的生活。

**趨勢壽命評比：B**

雖然這項趨勢的某些實例已經過時了（例如Google+），各家公司觀察人類互動並且據此量身打造產品及服務的概念依然有影響力。

## 再多社交也寂寞

儘管有網路上的連結，人們還是會在現實世界感到寂寞，也因此促使他們尋找締結更深刻友誼的方法，或是至少尋找以更深入的方式與其他人連結的管道。

**趨勢壽命評比：A**

寂寞的感受持續瀰漫著人類的生活，我們在網路世界與他人連結的能力一直都是把雙面刃，網路讓我們覺得與他人產生更多連結，同時卻也更加疏離，這種情形在年輕人及長輩之間更加常見。

## 點彩畫影片製作

這項趨勢以運用小點創造出大幅圖像的繪畫技法命名，描述一種合力製作影片的形式，結合好幾支短片，透過整部影片訴說更大的故事。

**趨勢壽命評比：D**

這個趨勢大概是表現不如預期的趨勢中，我最喜歡的一個。我很喜歡這個概念，但是概念本身涵蓋的範圍實在太狹隘，難以形成完整的趨勢，而且這個點子其實應該更進一步被提升為更大的思維。

## 測量人生

有越來越多的各式追蹤工具在處理個人化資訊，以監控並測量你生活中的每一個層面。這些工具讓使用者能夠追蹤自己的健康狀況、衡量個人的社會影響力並設定目標。

**趨勢壽命評比：A**

二〇一二年的重要思維現在已成為主流概念，我們的生活周遭似乎充斥各種追蹤裝置，因此這項趨勢無庸置疑呈現加速成長的態勢。

## 合作彙整

因為有業餘人士和專家在網路上通力合作，資訊彙整的合作性越來越高，參與者在彙整資訊的同時，也加入自己獨一無二的觀點，並在許多議題上結合各種切入角度。

**趨勢壽命評比：** B+

各種全新工具層出不窮，因此任何人都能更輕易的彙整資訊，這種現象導致合作彙整資訊的情況減少，也沒有產生實際成果。

## 慈善重視參與度

越來越多慈善團體開始重新思考過去長久以來將焦點放在捐款上的舉措，並且透過將遊戲化公益行動及其他各種方式，讓大家實際參與、實際行動，提升大眾參與度。

**趨勢壽命評比：** B

雖然慈善團體及非營利組織找到新的方式與捐贈者互動，但即使慈善團體將焦點放在參與度高低上，還是無法真正區分公益行為到底是短期募資還是長期參與。

## 梅迪奇行銷

受到《梅迪奇效應》（*The Medici Effect*）這本書啟發，這項趨勢描述如何結合各種領域的思維，讓行銷變得更吸引人、更有創意、更實用。

**趨勢壽命評比：B+**

《梅迪奇效應》這本書很出色，但書名反而限縮了這項趨勢的框架，不過這種行銷就是（也應該是）結合各種領域的大熔爐的思維持續存在。

## 身後事數位化

過去一年來，有更多公司開始關注身後事數位化的領域，創造協助管理大家至親好友過世後遺留數據的工具，也提供相關教學及服務。

**趨勢壽命評比：B**

有些趨勢的發展不夠順遂，雖然看起來似乎會成為主流，不過從來沒有引起更廣的討論，這項趨勢就是最佳例子。

## 即時物流

擁有高科技技術的商業組織利用社群媒體上的即時對話，創造出能對供應鏈及物流計畫有益的洞見，藉以減少物流成本的浪費並將企業獲利最大化。

**趨勢壽命評比：A**

由於大型零售商和其他分銷商都應用新工具獲得更精準的預測，並且利用社群媒體的對話使運作更順暢，因此供應鏈軟體持續發展，變得更精密。

## 藝術行動主義

由於藝術家發現社交工具能接觸更多人群，並創造更強的社會影響力，藝術與行動主義的交會——即逐漸為人所知的「藝術行動主義」——也變得更具社會性。

**趨勢壽命評比：C**

藝術行動主義經常使用藝術來表現，社群媒體的出現更增強這種現象；不過這項趨勢應該是更廣泛思維的其中一環，超越本來只是以藝術形式呈現社會議題的層面。

## 公民參與 2.0

數位工具讓大眾能更積極參與當地政府的各種事務，從通報路上的坑洞，到為提升社區現狀而提供建議都囊括其中。

**趨勢壽命評比：B+**

即便在過去公民參與並未快速成長，但越來越多人開始使用這些數位工具深入參與公民事務，善加利用科技的城市則讓這項趨勢更快速成為主流。

## 標記現實世界

手機相機的科技進步，讓研發人員創造出可以在現實世界標記任何物件的工具，使用者可以藉此開啟手機裡的互動式內容。

**趨勢壽命評比：D**

二〇一二年時，利用 QR code 和標記將網路世界對應現實世界，看起來將成為一大潮流，不過這項趨勢卻一直沒有像預期的那樣反映在現實上。

## 改變群眾資源

群眾協作逐漸發展至超越分享資訊的範疇，大家開始可以利用合作的力量達到個人、社會或政治上的改變。

**趨勢壽命評比：** 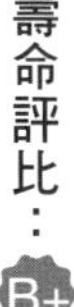 B+

這項趨勢背後的基本概念就是群眾協作，由於人們可利用群眾力量達成實際作為，使其跨越了原本的資訊範疇，這種情形目前仍持續存在。

## 店面劇場化

來年將會有越來越多零售店面運用劇場手法打造獨一無二的來店體驗，用令人印象深刻的感受拉攏消費者。

**趨勢壽命評比：**  A

零售商嘗試在店面運用更多劇場手法為客戶提供來店體驗，藉此與展示空間面臨的危機以及網路零售業的興起抗衡。這讓零售體驗包含更多與消費者互動的環節，也比以往更加戲劇化。

# 二〇一三年《洞見趨勢》回顧

原發布日期：二〇一三年十二月十日

## 幕後故事與回顧

第三年，我們在《洞見趨勢》納入更多實例以及更廣泛的分析，也因為深入細節，所以這年的《洞見趨勢》篇幅超過一百頁。這一版的《洞見趨勢》原本並未使用在後面幾年的報告中推出的五種趨勢分類，因此我現在回頭加上趨勢分類，並創造相應標示。這本也是我首次在出版時一併推出電子書，電子書版本在網路上販售，囊括了如何將趨勢化為行動的小技巧。

多虧有從第一、二版就建立起來的讀者群，電子書一推出就躍居商業暢銷書第一名。這份報告裡得到最多共鳴的趨勢，包括：陳述實體印刷物件重要性的「珍貴的印刷品」；女性領導人在職場上快速成長的「女力崛起」；解釋為何人們會信賴有出色幕後故事的組織的「訴說幕後故事」；零售體驗致力於讓顧客更簡單更快速購物的「購物經驗最優化」。這一年介紹的許多點子和主題都持續影響未來幾年的趨勢預測，並且與之後出現的趨勢產生共鳴。這一年的某些趨勢，甚至為前一部分介紹的幾項洞見趨勢提供最早的靈感來源。

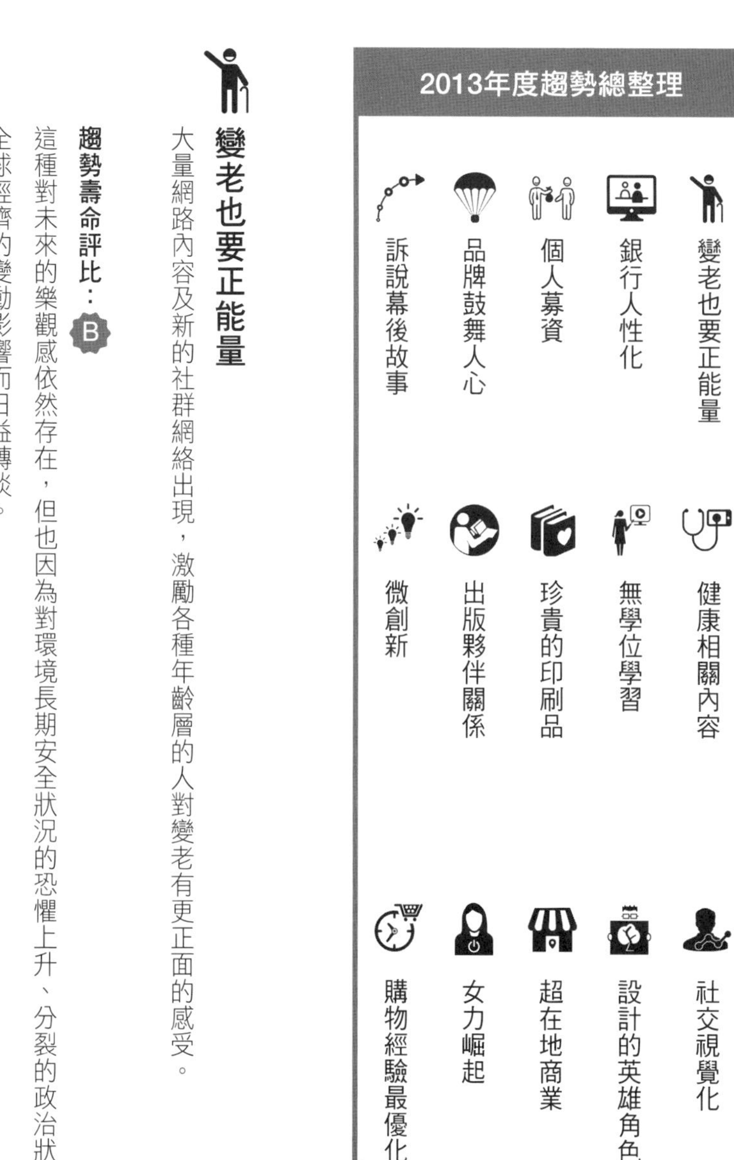

2013年度趨勢總整理
變老也要正能量
銀行人性化
個人募資
品牌鼓舞人心
訴說幕後故事
健康相關內容
無學位學習
珍貴的印刷品
出版夥伴關係
微創新
社交視覺化
設計的英雄角色
超在地商業
女力崛起
購物經驗最優化


## 變老也要正能量

大量網路內容及新的社群網絡出現，激勵各種年齡層的人對變老有更正面的感受。

**趨勢壽命評比：B**

這種對未來的樂觀感依然存在，但也因為對環境長期安全狀況的恐懼上升、分裂的政治狀況以及全球經濟的變動影響而日益轉淡。

## 銀行人性化

為了改變多年來大眾對銀行不斷增加的不信任感，銀行界終於開始採取更真誠的方式服務客戶並與客戶發展真實的關係，展現有人情味的一面。

**趨勢壽命評比：** B

金融危機不斷發生，加上社會上各種不道德的經濟活動，強調出這項趨勢的重要性，不過由於財富不平等的狀況增加，依然難以克服對銀行持續存在的不信任感。

## 個人募資

群眾募資轉為個人化，有些人運用這種方式向大眾尋求針對各種目標（例如一趟改變人生的旅程或是大學學費）的經濟支持。

**趨勢壽命評比：** 

許多網站依然有這種個別募資功能，顯示出這項趨勢依然是一種捐款方式，不過個人募資工具的各種運用方式，並未以我們早先預期的方式加速成長。

## 品牌鼓舞人心

品牌創造令人驚嘆的時刻、創新點子以及戲劇性的驚人場面，來獲得消費者的注意力，有時候則是為了向世界傳達企業的價值觀。

**趨勢壽命評比：B**

雖然這項趨勢是指運用重要時刻來鼓舞消費者，但我們也開始看到品牌藉由引人注意的手法引起消費者關注，這也反映在二〇一九年的「策略性的引人關注」趨勢上。

## 訴說幕後故事

各組織發現，帶大家一窺品牌背後的故事和歷史就是激發忠誠度、驅動購買慾的最佳手法。

**趨勢壽命評比：A**

由於贏得消費者信賴依然是廠商必須面對的挑戰，品牌運用故事讓消費者願意相信他們，並且樂於與其他消費者分享這些故事的行動依然相當有影響力，對於行銷品牌來說也是必要手段。

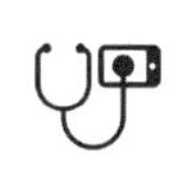

## 健康相關內容

健康照護組織感受到來自使用者的壓力，因此必須創造更多實用且充實的健康照護內容，滿足擁有更多權力、卻也對於來自各種管道的訊息更加多疑的病人。

**趨勢壽命評比：A**

由於許多有信譽及權威健康照護組織，在網路上以各種形式與消費者分享健康照護相關內容，因此網路上健康相關內容的價值一飛衝天。

## 無學位學習

數位學習內容的品質突飛猛進，因此越來越多學生認為這種學習模式足以替代傳統大學教育。

**趨勢壽命評比：B+**

願意終身學習、展開職涯的人持續尋找直接學習新事物的方式，他們學習到的知識不需要用學位來自我證明。

## 珍貴的印刷品

現代文化傾向將一切事物數位化，因此我們與印刷紙本的互動以及藉由實體紙本記錄下來的時刻，顯得更加珍貴。

**趨勢壽命評比：A**

我們認為印刷紙本有更高的價值，是因為它們更貴重也更稀有，這項趨勢重要性持續不衰，也因此我們又在二〇一七年加入這項趨勢。

## 出版夥伴關係

胸懷大志的作家缺乏發揮的平台，經驗豐富的出版專業人士則急需合作夥伴及優質內容，這些人一起創造了新的「攜手合作」出版模式。

**趨勢壽命評比：B**

這項趨勢促使我和我太太在二〇一四年創立Ideapress Publishing，這項趨勢目前依然在出版界帶來轉變，不過也導致許多在道德層面及內容品質上有疑慮的新成員進入這個產業。

## 微創新

因為只要為商品約略改變功能或增加益處就能創造極大價值，因此從細微處出發思考成為新的競爭優勢。

**趨勢壽命評比：A–**

許多公司都相當關注運用能持續產生價值的方式改造產品的舉措，因此有很多廠商開始從微小處著手創新，這些創新雖然難以察覺卻依然可以量化。

## 社交視覺化

為了使數據更容易取用，新工具及新科技讓使用者將內容視覺化，成為使用者在社群上的個人頁面及網路對話的一部分。

**趨勢壽命評比：A–**

將數據視覺化的工具依然相當普遍也受大眾歡迎。這項趨勢正是那些在寫作時才剛剛興起，但趨勢走向顯而易見，至今依然準確無誤的趨勢之一。

## 設計的英雄角色

發明且採用新的產品、想法及活動來嘗試改變世界時，設計扮演了領導者的角色。

**趨勢壽命評比：A**

設計思維不斷成長，全球人類共同面對的種種問題需要大膽的解決方案，因此我們每年都能看到設計扮演解決困境的英雄角色的全新例子。

## 超在地商業

新的服務類型與科技進展讓任何人都得以輕鬆投資在地事業，並且向在地商家購物。

**趨勢壽命評比：B**

雖然在地商業依然很重要，不過網路競爭對手為消費者提供完整又即時的服務，還可以將任何商品直接送上門，這些威脅導致這項趨勢的重要性下降。

## 女力崛起

商業領導人、流行文化和突破性的新研究都證明，我們理想中的未來，將由在最前線工作、強大又有創新能力的女性來領導。

**趨勢壽命評比：A**

由於女性在商業及文化領域的角色越來越重要，這項趨勢依然銳不可擋。這項趨勢也是二〇一七年熱門趨勢「激烈的女性覺醒」的先驅。

## 購物經驗最優化

智慧型手機、手機應用程式及新創公司如雨後春筍般出現，讓消費者在網路上及現實世界的購物流程都更加順暢。

**趨勢壽命評比：A**

各種產業的零售商發展出更優質的手機介面、更聰明的結帳櫃台、更好用的應用程式以及更快速的一鍵結帳功能，因此也使整體購物體驗更加完善。

# 二〇一四年《洞見趨勢》回顧

原發布日期：二〇一四年二月十八日

## 幕後故事與回顧

第四版的趨勢報告因為我在全球各種會議、論壇現身演講的次數大增而大受歡迎，我也因此離開在奧美擔任八年的職位，成為創業家，開啟自己的顧問事業，並且開始出版業務。這是我們第一次將《洞見趨勢》劃分為五種類別：文化＋消費者行為、行銷＋社群媒體、經濟＋創業精神、科技＋設計、媒體＋教育。這一年最受歡迎的幾個趨勢包括：描述消費者渴望逃離充斥科技的生活的「渴望戒除科技上癮症」；描述越來越多人利用聳動標題的「篩選彙整出來的煽情報導」；在業界歷史悠久的品牌及產品轉變為訂閱模式的「訂閱商業模式」；解釋品牌如何讓行銷手法更實用的「品牌的實用性」；「執著於生產力」則呈現人們渴望用各種方式將時間利用最佳化。我們在接下來五年，都持續使用這幾項分類趨勢。

這一年的《洞見趨勢》內容也結合我與法德．強莫（Fard Johnmar）合著的《二〇一五年度數位病人報告》（*ePatient 2015*）裡健康照護的相關趨勢研究。

**2014年度趨勢總整理**

渴望戒除科技上癮症

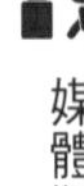
媒體狂熱

執著於生產力

不完美惹人愛

品牌的實用性

可以分享的人情味

篩選彙整出來的煽情報導

分散的專業知識

反性別刻板印象

對隱私的偏執

過度量化的生活

微設計

訂閱商業模式

快速創業

合作經濟

## 渴望戒除科技上癮症

消費者試著與其他人建立更真誠的連結，並且刻意截斷與充斥周遭的科技的連結，尋求得以內省的時刻。

**趨勢壽命評比：** 

由於科技在人類生活裡依舊無所不在，我們幾乎每週都能看到關於這項趨勢的新實例。這也導致我們在二〇一七年的報告中再度提到這項趨勢。

## 媒體狂熱

我們能夠從各種裝置取得越來越多媒體及娛樂資源，消費者對這些資源的需求強勁，願意為取用的便利性支付額外費用。

**趨勢壽命評比：A**

由於串流內容的選擇快速增加，消費者漸漸覺得資訊量超出負荷，也不再堅持每一齣劇都要追到最新進度，我們發現這種狂熱追劇的現象出現疲態。

## 執著於生產力

現在有成千種改善生活的應用程式，還有善用社群媒體經營自己的勵志大師為大眾提供各種建議，導致大家極度執著於變得更有生產力。

**趨勢壽命評比：A**

由於各種新書都在為大家提供改善生活的祕訣，導致大眾不斷煩惱如何提升生產力。許多人更透過各種手段在日常瑣事上運用生活智慧節省時間。

## 不完美惹人愛

消費者不斷尋找真誠實在的品牌，並且藉由表現出更多忠誠度及信賴來鼓勵那些存在小缺陷的產品、個性與品牌。

**趨勢壽命評比：A**

這份趨勢報告已經走過九個年頭，「不完美惹人愛」正是我們最受歡迎的趨勢之一。我們分別在二〇一五年以及二〇一八年以「不完美」「令人喜愛的不完美」等名稱再次提及這項趨勢。這一直以來都是我們所提出最熱門的趨勢。

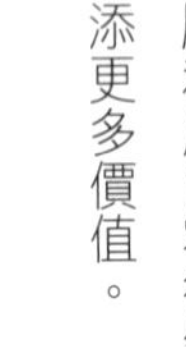

## 品牌的實用性

品牌利用內容行銷，結合行銷團隊和營運中心的能力，以更實際的方式推銷品牌，為顧客的生活增添更多價值。

**趨勢壽命評比：A**

由於內容行銷持續成長，品牌也逐漸找到為消費者提供價值的新模式，能夠回答客戶疑問，並且利用行銷作為教育客戶的工具，而非純粹的推銷手法。

## 可以分享的人情味

人們在社群媒體上分享充滿人性光輝的內容，各品牌也在行銷與溝通的過程增添更多人情味，企業在社群媒體上分享的內容也更加動人心弦。

**趨勢壽命評比：** C

雖然有人情味的故事依然很有影響力，但這項趨勢因為媒體上過於戲劇化的故事，以及騙點閱率的標題帶來的負面影響，閱聽者已經漸漸對媒體內容麻痺，也讓大家對於各種內容大大存疑。

## 篩選彙整出來的煽情報導

由於新聞和娛樂節目之間的界線日趨模糊，隨著吸引人的內容配上煽情的標題，可以帶來上百萬的瀏覽人數，聰明的資料彙整手法便取代了新聞寫作。

**趨勢壽命評比：** A

媒體還是很依賴煽情的報導，也因此這項趨勢成為後來幾年許多其他熱門趨勢的先驅，包括「追求真實」「受操弄的憤怒」「策略性的引人關注」。

## 分散的專門知識

專門知識的概念不再拘泥於學術知識本身，變得更兼容並蓄、更廣為開放給需要的人即時按照需求取用。

**趨勢壽命評比：A–**

在網路上以各種形式向專家學習的形式越來越受歡迎，各家學習平台也隨之快速成長。我們隨時取得專業知識的能力將會越來越進步。

## 反性別刻板印象

在媒體界和娛樂界裡性別角色開始翻轉，對於不同生活方式的各種成見也受到種種挑戰，社會越來越多元，對於該如何定義「人」的看法也不斷演變。

**趨勢壽命評比：A–**

各種全新事件帶領我們重新衡量他人價值、見證性別框架被突破，並且挑戰我們對於個人身分長久以來的預設立場，也模糊過去性別的清晰界線。

## 對隱私的偏執

各種新的數據洩漏事件導致全球性焦慮，我們對於政府跟品牌到底對你我了解多少抱持疑慮，並且擔心他們可能用有潛在傷害的方式利用大數據。

**趨勢壽命評比：C**

雖然隱私權一直是全民隱憂，但我們也見證這種憂慮轉變成力量，只要更完善的監督，各種組織想要濫用數據就更加困難。

## 過度量化的生活

穿戴式裝置因為以各種可愛的訊息圖表及膚淺的分析展示收集來的數據，因此模糊這些數據的價值，以至於無法完整分析這些數據以及使用者生活中的種種選擇對他們造成的影響。

**趨勢壽命評比：B**

雖然想要從自己產生的數據中找到價值一直以來都很困難，但因為我們希望能夠善加運用這些數據，新的分析工具結合消費者的期待將使廠商可以克服困境。

## 微設計

由於溝通方式越來越視覺化，設計能力隨之變得更加重要，需求也隨之增加，設計專門知識被拆解成容易理解的小部分知識也變得更容易取得。

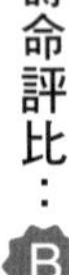

**趨勢壽命評比：B**

雖然對於設計專業技術的需求持續增加，但這項趨勢的範圍太窄，只關注在設計資源上，局限在更多不同領域的應用及關聯性。

## 訂閱商業模式

越來越多不同產業裡的廠商運用訂閱模式銷售周期性服務或產品給顧客，取代過去以一次性銷售為核心的模式。

**趨勢壽命評比：B–**

有更多產業和品牌將商業模式轉變為訂閱型態，不過也因為消費者有時候還是渴望以傳統方式購買產品及服務，這項趨勢還是存在局限性。

## 快速創業

創業需要面對的阻礙逐漸消失，各種誘因及工具也紛紛出籠，顯示出大家都知道如今創業失敗必須付出的成本及風險都沒有過去那麼高，因此任何人只要有好點子，都可以設立新創組織。

**趨勢壽命評比：A**

越來越多專家被創業概念吸引，全球許多國家政府也視這項趨勢為成長動力，致力於鼓勵大眾開創自己的事業。

## 合作經濟

新的商業模式及工具讓消費者及品牌都能借助分享與合作的力量，找到新的購買、銷售商品方式。

**趨勢壽命評比：A**

所有權的概念出現轉變，人們願意互相分享產品，取代過去單獨擁有產品的型態，經濟體系也持續呈現合作樣態，毫無疑問我們正身處合作經濟的時代。

# 二〇一五年《洞見趨勢》回顧

原發布日期：二〇一五年三月一日

## 幕後故事與回顧

二〇一五年，《洞見趨勢》首次以精裝書形式出版，也是趨勢報告真正起飛的一年，出版後立刻登上《華爾街日報》的暢銷書籍。書中我首次揭露以往只在私人企業工作坊分享的完整趨勢彙整過程。

除了解說如何以策展手法彙整趨勢以及運用稻草堆彙整法以外，二〇一五年的《洞見趨勢》也介紹數個引起全球媒體關注的熱門趨勢。其中幾個重點趨勢包括：大眾通常偏好具有自然的小瑕疵；更有人情味的產品及領導人的「非完美」趨勢；「小數據」呈現了消費者收集由自己創造的個人資訊的現象；「人人都想當明星」則陳述有時候消費者會抱有不現實的期待，希望自己總是獲得VIP待遇；「自拍展現自信」則針對自拍、分享自拍照或許是建立自尊的方式這種違背直覺的概念提出解釋。

除了趨勢本身以外，當年因為二〇一五年《洞見趨勢》出版後大受歡迎，因此得以將彙整趨勢的概念推廣給更多更廣的閱聽者，這種概念也在全球得到讀者共鳴。二〇一五年趨勢報告簽下了六種語言的翻譯版權，我也得到更多在全世界演講、主持工作坊的機會，當年的廣大成功也為洞見趨勢公司（Non-Obvious Company）帶來與更多夥伴和團隊合作的機會，同時拓展研究的廣度、加強彙整能力，也讓未來的《洞見趨勢》更上一層樓。

2015年度《洞見趨勢》回顧
人人都想當明星
自拍展現自信
主流正念
企業行善
翻轉零售產業
行銷不再只是行銷
一望即知的內容
情緒也能變商品
媒體實驗與體驗
不完美
預測性防護
透過精心設計讓人上癮
小數據
突破分銷模式
微型消費

## 人人都想當明星

個人化現象不斷成長，導致越來越多消費者期待自己在日常生活裡的各種互動都能獲得像明星一樣的待遇。

**趨勢壽命評比：A**

由於各家公司都運用大數據個人化消費體驗，因此消費者對廠商的期待隨之增加，有時候甚至到了遙不可及的地步。

## 自拍展現自信

因為在網路上能夠分享自己細心打造的網路身分，因此大家開始用自拍呈現希望展現在他人眼前的樣貌，藉以建立自尊心及自信。

**趨勢壽命評比：B**

這項趨勢的核心價值維持不變，不過我們在網路上展現自我或建立自信的方式已經超越自拍的範疇，這點在「強化個人特質」的大趨勢中可以窺見。

## 主流正念

冥想、瑜珈、靜思對於個人及各組織來說都成為提升公司成員表現、健康狀況及幹勁的有效工具。

**趨勢壽命評比：A**

我們不僅在二〇一七年再度提到這項趨勢，它也影響許多產業，引發新的思考方式，也是我們在家、在辦公室都能藉以自我提升的有力行動。

## 企業行善

企業逐漸把實行對社會有益的善舉視為核心價值，顯示企業對於社會的承諾，這些行動能帶來超越單純捐助善款或是優質公關手段的效果。

**趨勢壽命評比：A-**

這是第一項凸顯品牌對環境、社會議題及商業道德實踐展現承諾的決心的趨勢，我們也在「有目標的獲利」討論這項主題。

## 翻轉零售產業

各品牌逐漸投注心力在高科技個性化的店內體驗，打造品牌好感度並且教育顧客，同時與網路的消費管道無縫整合，讓消費者完成實際的購買步驟並完成訂單。

**趨勢壽命評比：A-**

自從這項趨勢首次發布後，零售商仍持續用心為消費者提升購物體驗及沉浸式體驗，我們在二〇一九年的「策略性的引人關注」趨勢中也進一步探討這個現象。

## 行銷不再只是行銷

由於行銷已經逐漸變得不僅僅是純粹的推銷行為，領導者及各組織也都放棄企業內部傳統封閉、各自獨立的部門形態，開始迎接內容行銷的時代，並且投注心力在提升客戶體驗上。

**趨勢壽命評比：B**

行銷持續從推銷行為進展為將銷售、創新、研究、數據及更多層面的經驗整合的作為，導致行銷人員不太願意自己被稱為行銷人員。

## 一望即知的內容

我們注意力集中的時間越來越短，網路及現實生活中各種形式的內容數量遽增，導致創作者開始將創作內容轉變為可以快速閱讀，快速吸收的模式。

**趨勢壽命評比：B**

每日、每小時向觀眾提供新內容的模式因為擁有可以快速瀏覽的特質而能夠持續得到大眾關注。不過，這種現象帶來的影響正是一把雙面刃，因為這會促使創作者刻意營造聳動的內容吸引觀眾注意力。

## 情緒也能變商品

由於追蹤科技越來越精細，媒體、廣告以及遊戲或學習形式的沉浸式體驗，都能配合消費者的情緒量身打造。

**趨勢壽命評比：A**

越來越多人使用像臉部追蹤人工智慧這樣的新科技，根據消費者的情緒吸引消費者或行銷商品的概念越來越受歡迎。

## 媒體實驗與體驗

內容創作者運用社會實驗及現實互動的手法，藉由獨特方式研究人類行為，他們的終極目標是打造更真實、更具娛樂性的手法傳達創作內容。

**趨勢壽命評比：B–**

過去標榜社會實驗的媒體看起來似乎將無限發展下去，不過由於讓人驚愕、讚嘆的爆紅實驗受歡迎的趨勢減退，這項趨勢的腳步也開始趨緩。

## 不完美

由於人們開始追求更個人化也更有人情味的體驗，各家品牌及創作者都刻意凸顯商品的人性面貌、古怪之處，並刻意營造不完美的形象，藉以呈現更人性化、更令消費者青睞的樣貌。

**趨勢壽命評比：A**

品牌及領導人都因為願意分享自己的缺點，展現人性脆弱而建立大眾的信賴度，這種概念引起越來越多共鳴，以上種種也是使形象更有人情味的關鍵要素。

## 預測性的防護

大眾對隱私權的憂慮節節升高，同時對科技在生活中扮演的角色也有更高的期待，導致更多標榜能讓生活更美好、更安全、更有效率的直覺性產品及服務出現。

**趨勢壽命評比：** A

這項趨勢是「科技保護與偵測」的先驅，讓我們早一步一窺這種直覺性產品的重要性，這項概念我們在二〇一七年的「機器人復興」趨勢中也有探討。

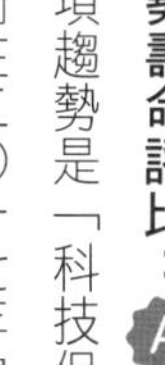

## 透過精心設計讓人上癮

更深入了解形成習慣的行為科學後，有越來越多設計師和工程師刻意打造令人上癮的體驗來攫取消費者的時間、金錢及忠誠度。

**趨勢壽命評比：** A

從各種包裝食品到夢幻運動賽事的成長態勢，深入思考就能發現，無論對我們產生的影響是好還是壞，這項趨勢就是各種體驗都能被塑造得令人難以抗拒的核心概念。

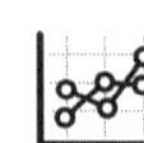

## 小數據

由於消費者開始從網路活動收集關於自己的數據，在某些情況下，品牌擁有的大數據與小數據相比就變得不那麼有價值。

**趨勢壽命評比：B**

小數據有增強客製化體驗的強大潛力，但是因為即便我們持續收集大量小數據，還是很難以意義的方式運用它們，因此我們目前依然未充分利用小數據。

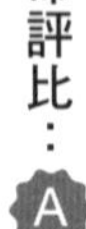

## 突破分銷模式

創作者和製造商都利用新的分銷模式突破過去常見的分銷管道，進一步剔除中間人的存在，並且與粉絲和買家之間建立更直接的連結。

**趨勢壽命評比：A**

這項趨勢近幾年非常熱門，很可能會在更多產業帶來影響。這是我們在二〇一八年再度提及的核心趨勢，也引領「流動型商業模式」這項趨勢到來。

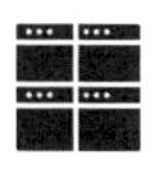

## 微型消費

由於廠商開始向消費者提供「一口大小」微型規模的全新付款模式、產品及體驗，許多產業將開始實驗相應的微型定價及微型付款模式。

**趨勢壽命評比：B**

這項趨勢持續展現巨大潛力，但很可惜，許多平台仍然不願意接受微型貨幣的交易型態。因此要實際運用這項趨勢依然很困難，微型交易也還沒成為市場主流。

# 二〇一六年《洞見趨勢》回顧

原發布日期：二〇一六年一月二十五日

## 幕後故事與回顧

二〇一五年首次實際印刷出版趨勢報告後，我們反而傾向以電子書形式出版新版本，但是因為我親臨現場演說的次數相當多，大家對《洞見趨勢》期待否決這項選擇，所以我在趨勢報告電子書推出後的一年內又出版平裝修訂本。這次內容更新的方向跟隨過去幾年的腳步介紹新趨勢，不過由於時間有限，我和日益茁壯的團隊都意識到，我們或許必須在開始進一步探索某些預測之前就捨棄它們。

因此，我們這一年也決定新的《洞見趨勢》形式，我們每年整理十項新趨勢，並更新五項過去的預測，再搭配首次發布趨勢後這些趨勢產生的變化細節。

在二〇一六年的版本裡，我們向讀者介紹「刻意的降級」的新思維，消費者因為舊版本的產品通常運作得比較順暢、更耐久或更好用，因此故意選擇比較次等或比較舊版本的產品；「長大成人過程自動化」則描述各種科技的進步讓年輕人更容易獨立生活；「虛擬同理心」的內容則讓我們理解科技可能以全新的方式為我們帶來同理心，接納與自己不一樣的族群。

這是我們第一次、也是唯一一次針對以往提出不那麼出色的趨勢進行年度更新，我們重新審視前一年的每一項趨勢，並提出更多例子。大部分的讀者覺得這部分重要性不高、篇幅也過長，因此在未來的各版本裡，我們轉而採用像各位手中十周年版本的形式，利用最後一個部分向讀者分析以往提出的預測。

## 網路衝動購物

儘管擔憂電子商務的存在會阻絕消費者衝動購物的機會，但其實即時的行銷手法及聰明的介面設計也都會引誘消費者在網路上做出受情緒驅使而購物的衝動決定。

**趨勢壽命評比：A**

由於精細縝密的電子商務逐漸成長，網路銷售透過提高產品價值向上銷售、再行銷、同綑銷售及許多其他手段製造更多促使消費者衝動購物的機會。

## 刻意的降級

越來越多產品及服務會一再升級，但消費者開始拒絕這些新穎的版本，刻意降級選擇更簡單、便宜且實用的版本。

**趨勢壽命評比：A**

自從第一次寫到這項趨勢，它就開始在網路世界發展。消費者持續追求簡約、選擇復古產品，並且拒絕過多選擇。

## 變老也要正能量（於二〇一三年初次彙整）

多年來各種抗老方法是大家追求的目標，但新一代步入老年的成年人逐漸轉而擁抱變老的好處，並且在他們的老年生活中尋找正面能量。

**趨勢壽命評比：B**

這種對未來的樂觀感依然存在，但也因為對環境長期安全狀況的恐懼上升、分裂的政治狀況以及全球經濟的變動影響而日益轉淡。

## 超越企業對企業的行銷

Ｂ２Ｂ（企業對企業）的品牌樂於接受他們的人性面，從其他領域尋求行銷靈感，並且以更寬廣的角度思考如何向企業決策者行銷，他們首先以人性化的角度切入，下一步才以潛在B2B買家的身分看待對方，藉以達到有效的行銷效果。

**趨勢壽命評比：B**

這是其中一個讓我們覺得很挫敗的趨勢，我們的預測很不錯，量化數字的表現也沒問題，但因為太多Ｂ２Ｂ品牌抗拒不同的思維模式而無法加速進展。

## 描繪個性地圖

由於行為測量工具能找出我們的個性細節，企業組織就能利用這些資料，將思維相近的人聚集起來，更有效的連結消費者。

**趨勢壽命評比：B**

這項趨勢有很大的潛力可以根據個人喜好來吸引人們，不過在過去幾年，這項趨勢因為將受眾過度分化或過於努力向受眾販售商品而被白白浪費了。

## 品牌的實用性（於二〇一四年初次彙整）

品牌開始用心結合內容行銷，並且更善加整合行銷團隊和營運能力，進一步顧客的生活增添更多實用價值。

**趨勢壽命評比：A**

由於內容行銷持續成長，品牌也逐漸找到為消費者提供價值的新模式，藉此回答客戶疑問，並且利用行銷作為教育客戶的工具，而不再只是單純的推銷手法。

## 主流的非主流

多元思維互相結合，媒體產業開始廣大接納多年來遭到忽略的少數人口、多元文化族群以及他們的文化。

**趨勢壽命評比：A–**

雖然這項趨勢持續遭到心胸狹隘又排外的政治人物反對，但世代性的轉變讓接受及擁抱多元文化的潮流更加銳不可擋。

## 努力贏取的消費機會

對於真實體驗的渴望讓消費者更願意努力贏得消費機會，企業也因此有機會藉由讓消費者「付出努力」來建立更高的消費者忠誠度以及與消費者的連結。

**趨勢壽命評比：B**

對於身分地位及獲得認可的渴望不斷引誘消費者，如果品牌的定位適合，運用這種手法可以得到理想的回饋，不過要讓顧客持續覺得投入值回票價還是很困難。

## 反性別刻板印象（於二〇一四年初次彙整）

在媒體界和娛樂界裡性別角色開始翻轉，對於不同生活方式的各種成見也受到種種挑戰，社會越來越多元，對於該如何定義「人」的看法也不斷演變。

**趨勢壽命評比：A-**

我們持續看到帶領你我重新衡量他人價值、見證性別框架被突破，並且挑戰我們對於個人身分長久以來的預設立場的事件，這些事件的發生也模糊過去清楚分明的界線。

## 虛擬同理心

虛擬實境及沉浸式科技大幅成長，因此創作者能夠講述更深入的故事，也能讓使用者從其他視角看待世界，並增加他們對與自己不同的族群的同理心。

**趨勢壽命評比：A**

運用虛擬實境及科技提升並量化人類同理心的例子多不勝數。這項趨勢相當熱門，因此我們在二〇一八年再度提到這項趨勢。

## 超量數據

越來越多個人及企業擁有的數據與開放數據互相混合，因此帶來全新挑戰，廠商開始追求更好的自動分析工具、運用人工智慧、更聰明的策展彙整方式以及投入更多新創投資解決數據混雜的問題。

**趨勢壽命評比：A**

這是二〇一五年至二〇一九年間一系列與數據相關且聚焦在數據優缺點的趨勢之一。實在有太大量的數據持續產生正是減損這項趨勢的負面影響。

## 設計的英雄角色（於二〇一四年初次彙整）

藉由新的產品、想法及靈感來以微妙、大膽、看似毫無關聯，有時候甚至出乎意料之外的行動改變世界時，設計正是不可或缺的大英雄。

**趨勢壽命評比：A**

設計思維持續成長，再加上全球人類共同面對的種種問題需要大膽的解決方案，因此我們每年都能看到以設計解決人類困境的全新例子。

## 內部育成

渴望創新的公司開始致力於將外部創新者帶進公司內部，以投注資金、漂亮的工作空間來吸引創新者並且遊說他們加入。

**趨勢壽命評比：B-**

雖然這種活動維持了幾年的熱度，但一直缺乏實際成果，再加上企業發現他們過度重視創新領域，導致這項趨勢發展的速度減緩，我們在二〇一九年的「創新產生的嫉妒」也提及這項重點。

## 成人責任自動化

人類真正步入成人階段的歷程逐漸延長，在年輕人長大成人的過程中，有越來越多科技及服務將其中的各個層面都自動化了。

**趨勢壽命評比：A**

自動化生活、智慧家居及預測性科技的新工具，再加上選擇與他人同居，慢慢引導步入成人生活的年輕族群在心理及生理上都能夠完全獨立。

## 執著於生產力（於二〇一四年初次彙整）

因為我們的注意力集中時間縮短，再加上唾手可得的科技，每分每秒都要保持生產力的必要性，很快就發展成一種執著於生產力的概念。

**趨勢壽命評比：A**

在彙整這項趨勢後超過三年，人們依然在為自己的生產力煩惱，藉由各種小祕訣善用時間，並且透過各種方式節省時間。

# 二〇一七年《洞見趨勢》回顧

原發布日期：二〇一六年十二月五日

## 幕後故事與回顧

如果你觀察每年的新款車型，就會知道汽車製造商不會每年翻新車子的整體設計。其中幾年車子的款式相對沒有太大變化，也有幾年會大幅改動。這一年就是《洞見趨勢》系列「維持以往樣態」的一年，內容設計及形式跟二〇一六年的版本大致相同。二〇一七年的《洞見趨勢》跟以往一樣盛大推出，我們也首次將這本書大量鋪貨在有眾多潛在讀者的地點（例如機場書店），也因此拓展了讀者群。

越來越多讀者首次發現《洞見趨勢》的存在，也越來越多國際翻譯版本進入市場。同時，我的演講邀約及主持工作坊的次數也持續增加。從內容上來看，這一年有幾個很突出的趨勢，例如有關品牌真正增加忠誠度的方式產生變動的「被動忠誠度」，陳述女性在媒體及文化呈現的樣貌產生新變革的「激烈的女性覺醒」，以及解釋科技如何逐漸開始預測大眾需求，並在難以察覺的情況下融入人類生活的「隱身你我身邊的科技」。

二〇一七年版本也在眾多書籍中脫穎而出，在競爭激烈的情況下贏得公理商業圖書獎（Axiom Book Awards）商業理論書籍的銀牌獎項。

2017年度《洞見趨勢》回顧
激烈的女性覺醒
斜槓怪才
渴望戒除科技上癮症
被動忠誠度
真心追求名氣
令人喜愛的不完美
保存歷史
深入研究
珍貴的印刷品
隱身你我身邊的科技
機器人復興
數據也有自我意識
登陸月球般的創業精神
驚人的邊緣人
主流正念

## 激烈的女性覺醒

近年來強大、獨立的女性越來越多，重新定義女性氣質的概念，也重新形塑性別角色。

**趨勢壽命評比：A**

近來因為種種事件發生，政治及文化氛圍都持續改變我們對於女性在現代社會定位的想法。自從公布這項趨勢以來，我們幾乎每週都能見到進一步驗證這項趨勢的全新故事。

## 斜槓怪才

全球興起個人主義，也因此帶起兼職風潮，人們因為對於某些事物的熱誠而驅動創業精神，也讓我們學會欣賞每個人獨一無二的特質。

**趨勢壽命評比：A**

大家持續從自己的興趣、熱情所在、小嗜好創造價值。大眾追求斜槓身分的渴望以及個人主義在全球興起，啟發我們在二〇一九年再度提到這項趨勢。

## 渴望戒除科技上癮症（於二〇一四年初次彙整）

由於我們的生活充斥科技、媒體及各種科技產品帶來的影響而充滿壓力，因此人們開始尋求能夠回頭省思及暫停一下、稍作喘息的時刻。

**趨勢壽命評比：A–**

由於我們的生活充斥科技、媒體及各種科技產品帶來的影響而充滿壓力，因此人們開始尋求能夠回頭省思及暫停一下、稍作喘息的時刻。

## 被動忠誠度

對於忠誠度的新見解，促使品牌進一步思考如何讓消費者產生對品牌的熱忱。

**趨勢壽命評比：A**

追求進步的品牌重新設計客戶忠誠計畫，並且嘗試取悅客戶、激發客戶忠誠度。也因為大家對這項趨勢的關注，我們決定在二〇一九年再度發布這項趨勢。

## 真心追求名氣

新一代創作者使用社群媒體建立自己的品牌、吸引關注，試圖成為下一號大人物。

**趨勢壽命評比：B**

網路上的影響力依然是一股強大的力量，但是這些人持續追求你我關注的意圖導致人們對於這些本應保有真實面貌的網紅感到疲乏，因此轉移了注意力。

## 令人喜愛的不完美

成功的行銷手法逐漸藉由聚焦於產品或服務的個性、其中的古怪特質以及不完美的小缺陷來創造與客戶之間的真實連結。

**趨勢壽命評比：A**

品牌及領導人都願意分享自己缺點、展現人性脆弱，藉以建立大眾的信賴度，這種概念持續得到大家共鳴，以上種種更是表現得更有人情味的關鍵要素。

## 保存歷史

科技為我們提供保存歷史的新方式，在保存歷史的過程中改變我們從歷史借鏡、體驗歷史經驗並且記住歷史演進的方法。

**趨勢壽命評比：A**

這項趨勢依然至關重要，我們必須在歷史文物因戰爭而遭到破壞，或因天災而毀滅以前，持續努力以數位形式保存工藝品，並且製作文化地景的3D資料庫。

## 深入研究

雖然各家品牌提供比以往更多的內容，來對抗人類注意力集中時間縮短的現象，但許多人還是偏好潛心投入單一項能夠讓他們真心產生興趣的主題及體驗。

**趨勢壽命評比：A**

大家依然很享受深入探索自己有興趣的主題。Podcast、調查報導、沉浸式體驗影片以及其他長期形式的體驗依然受到喜愛。

## 珍貴的印刷品（於二〇一三年初次彙整）

由於數位革命發生，人們與實體物件以及印刷品發展出更有意義、也更有情感的關係。

**趨勢壽命評比：A**

我們認為印刷紙本有更高的價值是因為這些物件更貴重也更稀有，這項趨勢歷久不衰，也因此我們在二〇一八年將這項趨勢與「觸覺的珍貴價值」整合。

## 隱身你我身邊的科技

由於科技變得比過去細膩精密，也越來越善於預測使用者需求、保護你我，更以毫無破綻的方式融入我們的生活。

**趨勢壽命評比：A**

科技持續默默的讓人們生活中的各種瑣事及人際交流變得更簡單、更便宜也更有效率。這些好處讓這項趨勢持續影響我們的生活，也是「科技保護與偵測」的關鍵要素。

## 機器人復興

家庭及職場裡都逐漸開始運用機器人協助人類，這些機器人採用更像人類的介面也擁有微人格。

**趨勢壽命評比：A**

由於我們生活在這個機器人的「復興時代」，我們必須面對希望機器人做什麼／不做什麼的大哉問。相關討論及趨勢將構築出未來十年的框架。

## 數據也有自我意識

隨著科技進步，演算法及人工智慧讓即時分析變得非常快速，能夠從產生見解轉變為直接行動。

**趨勢壽命評比：A–**

與相對比較警世的「超量數據」及「數據汙染」數據不同，這項趨勢認為數據或許可以透過自我分析來創造價值，而這一點目前已透露出些許端倪。

## 登陸月球般的創意精神

新一代創業家不再只聚焦於爭取利潤，而是希望為社會帶來影響，他們的企業核心宗旨不再僅限於經濟上的成果。

**趨勢壽命評比：A**

世界所面臨的種種問題依然很複雜，然而創業家產生社會影響力，填補政府因為效率不彰而留下的各種空缺。這項趨勢也為我們帶來了二〇一九年趨勢報告中的「加速行動做好事」趨勢。

## 驚人的邊緣人

現代社會裡，某部分最創新、最有影響力的想法其實來自過去處於社會邊緣的人士，他們跳脫傳統的天馬行空思維突破了整個產業的樣貌。

**趨勢壽命評比：B**

這些本來處在社會邊緣的族群持續在各種產業、國家以及全球秩序裡產生全新突破。我們期待這項趨勢會在未來十年持續影響從政治到音樂的各種領域。

## 主流正念（於二〇一五年初次彙整）

冥想、瑜珈、靜思對於個人及各組織來說都成為提升組織成員表現、健康狀況及工作幹勁的有效工具。

**趨勢壽命評比：A**

自從幾年前預測這項趨勢後，它也影響了許多產業、為大家帶來新的思考方式，也是使我們在家、在辦公室都能自我提升的有力行動。

# 二〇一八年《洞見趨勢》回顧

原發布日期：二〇一七年十二月五日

## 幕後故事與回顧

我與全新團隊合作推出二〇一八年版本的《洞見趨勢》，書中有更好、更視覺化的內容設計。這本書融入更多照片以及獨特的色彩搭配增添對比。

二〇一八年版本《洞見趨勢》中，最受歡迎的趨勢包括：解釋為何我們比起其他類型的互動，更相信面對面互動模式的「追求真實」；描述為何消費者選擇購買無異於分享價值觀的「品牌選邊站」；關於大眾為何預期以前所未有的速度學習任何事物的「光速學習」；以及「受操弄的憤怒」，陳述新聞媒體文化充斥憤怒情緒，造成哪些改變。

因為修訂後的內容相當出色，我們也報名許多橫跨不同產業的書籍獎項，二〇一八年的《洞見趨勢》贏得六項商業書籍獎項，也進入美國市場行銷協會萊諾德・L・貝瑞行銷書籍獎（Leonard L. Berry Marketing Book Prize）的決選。

**2018年度《洞見趨勢》回顧**

- 追求真實
- 訴說幕後故事
- 數據汙染
- 去性別化
- 遭操弄的憤怒
- 預測性的防護
- 覺醒的消費行為
- 光速學習
- 易於體驗的奢華
- 過度分眾
- 虛擬同理心
- 觸覺的珍貴價值
- 品牌選邊站
- 人性化的體驗
- 突破分銷模式

## 追求真實

由於大眾對媒體及各種機構的信賴遭到破壞，大家開始根據直接觀察和面對面的互動親自追求真相。

**趨勢壽命評比：A**

由於大眾不信任媒體、政府及企業的現象擴大，這項重要趨勢呈現大家反求諸己尋求真相的應對機制，是一波銳不可擋的潮流。

## 去性別化

傳統性別角色的定義開始鬆動，因此有些人開始完全拒絕性別的概念，也有些人試圖掩蓋產品、體驗，甚至是個人身分的性別區分。

**趨勢壽命評比：** A

這項趨勢不僅成長得很快，也大幅改變了我們的文化，我們在約略重新定義並提升這項趨勢後提出「打破性別框架」。

## 覺醒的消費行為

消費者因為能夠取得更多關於產品及服務的資訊而獲得更多選擇的權力，因此開始透過購買產品的類別、工作的場所以及投資模式來聲明自己的價值觀和面對這個世界的立場。

**趨勢壽命評比：** A

由於我們能夠快速取得即時資訊衡量個別購物選擇對於世界產生多少影響，因此這是值得觀察的關鍵趨勢。

## 過度分眾

受到大數據帶來的展望引誘，許多組織用太過狹隘的方式分化目標受眾，並且在無意識的狀況下反而拋下了那些可能帶來豐厚利潤的客戶。

**趨勢壽命評比：** 

雖然企業時常過度窄化受眾族群，但其實這項趨勢並未如我們原先預測帶來太大的問題或挑戰。

## 品牌選邊站

為了回應兩極化的媒體氛圍，越來越多品牌感受到必須選擇立場的壓力，因此決定突顯品牌支持的核心價值而非迎合所有人的價值觀。

**趨勢壽命評比：** A

自提出這項趨勢當年開始，就出現許多品牌運用選擇立場的手段啟發消費者的價值觀、分享品牌價值並且提升客戶忠誠度的例子。

## 訴說背景故事（於二〇一三年初次彙整）

企業利用故事的力量向消費者分享他們的企業傳承、企業目標及存在的意義，企圖藉此贏得消費者忠誠度，並且讓自家品牌成為值得員工投入的工作場域。

**趨勢壽命評比：A**

這就是擁有全球共通性的重要趨勢。雖然我們在首次提出後經過一段時間後才重提這項趨勢，但利用故事的力量讓品牌脫穎而出依然是相當有效的策略。

## 遭操弄的憤怒

有意人士結合媒體、資料分析及廣告的力量，創造出一股持續不斷的干擾聲浪，企圖煽動大眾怒火，並且在社群媒體及實際生活上誘導大眾的憤怒反應。

**趨勢壽命評比：A**

可悲的是，因為邪惡的企業及自我中心的政治人物持續操弄眾怒，這項趨勢依然不可忽視；這種現象也因為媒體很容易跟著推波助瀾加強操弄力道而愈趨惡化。

## 光速學習

透過循序漸進、縮小規模的學習模式讓教育變得更有效率、更引人入勝、更實用也更有趣，通往精通任何事物的這條路大家都可以走得更快。

**趨勢壽命評比：A**

這項趨勢帶來真正的商業轉變及正面結果，也是啟發我們「速成的知識」大趨勢的主要靈感。

## 虛擬同理心（於二〇一四年初次彙整）

透過科技進步而產生的沉浸式體驗及人際互動，幫助使用者透過異國視野或不熟悉的角度看待世界，進而提升同理心。

**趨勢壽命評比：A**

這項趨勢跨越了虛擬實境科技的界限，囊括各種裝置、藝術計畫及真實體驗的例子，為人們提供可以感受更多同理心的方式。

## 人性化的體驗

由於自動化趨勢興起，人們渴望更個人化且更真實的體驗，專業人士親身提供建議、服務及互動成為更高級的選擇。

**趨勢壽命評比：A**

隨著自動化趨勢增長，我們發現人類互動的重要性逐漸提升，也有更多人願意花費更高的成本獲得真人親身協助。

## 數據汙染

我們創造出越來越多量化周遭世界的方法，導致各種數據遭到操弄、混雜及破壞，要分別真正的洞見及無用的雜訊變得更加困難。

**趨勢壽命評比：A**

無庸置疑，數據的數量急遽增加，有條理的找出其中真正重要的數據是相當巨大的困境，甚至連人工智慧都難以解決這項問題。

## 預測性的防護（於二〇一五年初次彙整）

許多組織創造出智慧型連網產品及智慧型服務，標榜能夠預測我們的行動與需求並保護使用者，維護使用者健康狀況及周遭環境。

**趨勢壽命評比：A**

這項趨勢是「科技保護與偵測」大趨勢的先驅，在我們二〇一五年首次提出後再次出現在《洞見趨勢》裡。

## 易於體驗的奢華

所謂奢華已不再由稀少性或者是否需要特權才能取得來定義；現在所謂的奢華是透過更貼近人生現實的體驗來創造值得與他人分享的難忘時刻。

**趨勢壽命評比：**

伴隨這股趨勢出現的則是為「超富族群」量身打造，更加難以接觸到的奢華享受，相關內容可以在二〇一九年的趨勢預測一窺究竟。

## 觸覺的珍貴價值

人們因為生活的各個層面都被數位化而感到難以喘息，消費者開始回頭追求可以觸摸、提供實際感受並且帶來平靜、簡單感受，更有人情味的商品。

**趨勢壽命評比：**

世界越邁向全面數位化，觸覺體驗就越重要。有時候我們只是希望擁有能夠握在手裡，更真實、更觸摸得到的體驗。

## 突破分銷模式（於二〇一五年初次彙整）

由於各種規模的商家都在追求提高與消費者之間建立直接連結的效率，進而翻轉傳統分銷模式，這些廠商也都在重新思考自身的商業模式可以如何改變。

**趨勢壽命評比：A**

這項趨勢在近年大獲迴響，在我們首次於二〇一五年提出預測後，很可能造成更多影響。這項趨勢也是「流動型商業模式」的先驅。

# 二〇一九年《洞見趨勢》回顧

原發布日期：二〇一九年一月一日

## 幕後故事與回顧

延續二〇一八年，二〇一九年版本的視覺效果跟前一版本差不多。來自二〇一九年版的熱門趨勢包括：企業不擇手段模仿彼此，而非真正跳脫框架思考的「創新產生的嫉妒」；陳述文化中男性形象產生轉變的「定義混亂的男子氣概」；關於令人著迷的意見領袖及網紅的「虛擬大明星」；還有「懷舊的信賴感」，解釋為何消費者比較信賴存在已久的產品或品牌。

這次的新版本內容還包含特別製作的插圖、升級的視覺效果以及完整的附錄，為讀者回顧所有以往的趨勢。《洞見趨勢》的讀者人數持續成長，受到全球矚目而大大提升二〇一九年版本的能見度。除了出版數種外文版本以外，二〇一九年簽訂更多不同語言的翻譯版權，我也持續在更大的舞台上為大家呈現洞見思維，同時也獲邀進行更多演說。在這些演說場合中我埋下與十周年版本有關的伏筆，我更常同時聚焦於多項不同年度的洞見趨勢，並且橫跨過去十年的時間以策展手法彙整趨勢，不再只關注單一年度的洞見。

2019年度《洞見趨勢》回顧
策略性的引人關注
定義混亂的男子氣概
斜槓怪才
虛擬大明星
懷舊的信賴感
超越企業對企業的行銷
流行疲勞
極端的整理風潮
刻意的降級
企業同理心
創新產生的嫉妒
機器人復興
加速行動做好事
超富族群
被動忠誠度


## 策略性的引人關注

品牌和創作者刻意運用引人關注的手法攫取觀眾的注意力，並且鼓勵大家親身參與各種活動。

**趨勢壽命評比：A**

企業運用各種引人注目的手段吸引關注，並逐漸成長為一股趨勢，尋求關注的困難之處正是「注意力就是財富」定義的關鍵。

## 定義混亂的男子氣概

賦予女性權力的風氣高漲，再加上我們也開始重新評估性別定義，因此造成男性對於現今該怎麼「當個男人」感到困惑及焦慮。

**趨勢壽命評比：A**

公布這項趨勢後，持續有跡象顯示男性對於男性形象感到困惑的狀況更加普遍，甚至導致許多男性重新評估自我身分認同。

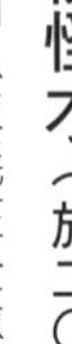

## 斜槓怪才（於二〇一七年初次彙整）

由於個人主義在全球興起，各年齡層的人都開始關注讓自己更獨特的事物，並且根據個人的喜好與熱忱開啟斜槓身分、經營事業，也因此更能接受彼此與眾不同的特點。

**趨勢壽命評比：A**

在這項趨勢發布後，全世界似乎變得前所未有的獨特。全球個人主義興起，世界變得更多元，許多人似乎都在尋求新的方式表達自我。

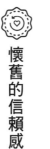

## 虛擬大明星

創作者、企業及政府都使用虛擬創造的事物來轉移大眾認知、銷售產品，甚至將大家心裡的幻想轉變為現實。

**趨勢壽命評比：B**

虛擬大明星崛起的同時，我們也看到人們以各種隱晦或直接的方式對抗這種虛擬角色的影響力，並且追求名流身上更多真實的面貌。

## 懷舊的信賴感

消費者時常因為無法確定可以信任哪些對象，因此回頭尋求有歷史傳承或是消費者早就認識的企業或品牌所提供的商品。

**趨勢壽命評比：A**

自我們發現這項趨勢當年開始，就出現許多與懷舊情緒有關的事件，這項趨勢也在「懷舊復古風潮」的定義中扮演不可或缺的角色。

## 超越企業對企業的行銷（於二〇一六年初次彙整）

B2B品牌利用跳脫傳統的方式表現企業人性化的一面，進一步直接接觸企業決策者及範圍更廣的受眾。

**趨勢壽命評比：** B

這是其中一個讓我們覺得很挫敗的趨勢，我們的預測很不錯，量化數字的表現也很好，但因為太多B2B品牌抗拒不同的思維模式而無法加速發展。

## 流行疲勞

消費者開始對於宣稱即將成為熱門話題的各種創新成果感到厭倦，並在心裡預設這些創新成果的熱度都不會維持太久。

**趨勢壽命評比：** A

或許創新及突破的速度無可避免的導致這項趨勢持續影響大眾生活，人們依然對流行感受到同樣的疲憊感，也因此對於所有新流行抱持懷疑。

## 極端的整理風潮

為了簡化每天的生活，人們拋棄多餘物品、追求更精簡的生活體驗，也進一步尋求清理數位身分的方式。

**趨勢壽命評比：A**

這項簡化整頓的趨勢看起來或許頗為極端，不過這股趨勢目前沒有減緩的跡象。反之，大家甚至更進一步尋求更多簡化、拋棄各種「負擔」並且精簡日常生活的方式。

## 刻意的降級（於二〇一六年初次彙整）

由於科技產品奪走大眾生活的主控權，我們反而傾向選擇降級使用更簡單、價格更低廉或者更實用的舊版本。

**趨勢壽命評比：A**

這項趨勢從原本只是要與「刻意的降級」產生對比效果的策略展現些微變化，但對社會仍然相當有影響力，表達消費者跳過大幅升級的選項，反而選擇偏好版本的現象。

## 企業同理心

同理心成為創新及創造收益的驅動力，也成為企業的產品、服務、聘僱關係及客戶體驗與競爭對手產生差異的關鍵點。

**趨勢壽命評比：** 

這項趨勢由「虛擬同理心」轉變而來，許多企業都開始利用同理心做為競爭優勢，不再局限於由科技公司率先提供的虛擬實境體驗。

## 創新產生的嫉妒

創業家、各行各業及各種機構對遲遲無法創新感到恐懼，因此對競爭對手提出的創新舉措產生嫉妒心態，並同時抱著羨慕與絕望的心情尋求創新手法。

趨勢壽命評比：A

這或許是二〇一九年趨勢報告中最熱門的趨勢，啟發企業領導者積極投入內部創新，確保企業本身並沒有這種「創新產生的嫉妒」的現象。

## 機器人復興（於二〇一七年初次彙整）

由於機器人擁有更像人類的介面及微人格，為我們與科技之間的關係帶來新的問題及議題。

**趨勢壽命評比：A**

由於我們生活在這個機器人的「復興時代」，我們必須面對希望機器人做什麼／不做什麼的大哉問。相關討論及趨勢將構築出未來十年的框架。

## 加速行動做好事

人類面對的問題越來越緊急，因此許多企業、創業家及有志人士都在尋求能更快速對世界造成正面影響並且取得成果的方式。

**趨勢壽命評比：A**

許多實例都顯示，創業家及大品牌都感受到對社會產生影響、與在乎社會議題的良心消費者分享企業作為的急迫性，因此開始做對社會有益的好事。

## 超富族群

收入不平等的現象不斷發酵，導致富裕族群懷抱更多罪惡感，也因此促使他們尋求更多方式回饋社會。

**趨勢壽命評比：A**

由於收入不平等的狀況惡化，富裕族群嘗試尋求方法幫助他人，但時常以失敗告終。我們一直找不到針對這種大型議題的解決方案，這項趨勢目前的變化不大。

## 被動忠誠度（於二〇一七年初次彙整）

消費者越來越容易放棄對品牌的忠誠，各家公司都開始重新評估哪些族群才會對品牌忠誠，並且思考如何進一步建立真正的客戶忠誠度。

**趨勢壽命評比：A**

追求進步的品牌重新設計客戶忠誠計畫，並且嘗試取悅客戶、提升客戶忠誠度。也因為對這項趨勢的高度關注，我們決定在二〇一九年再度發布「被動忠誠度」

# 結語

世界將在二八八〇年三月十六日迎接末日。

我在最後潤飾第一版《洞見趨勢》時，剛好注意到這則關於末日到來的文章，科學家發現這天有 0.3 %的機率地球會與名為 Asteroid 1950 DA 的天體碰撞，並且因此迎來世界末日。

看到這個故事，我馬上想到我們常常看到某些過度誇大厄運即將到來的預測，但這些預測卻不會提供可以如何改變未來的實用建議。

我寫作《洞見趨勢》的其中一項目標就是要挑戰懶惰、不必多加推敲的思維，這種思考方式就跟誇大的未來預測一樣沒用。事實上，用狹隘且單一面向的方式看待世界，甚至比提出末日預言更糟，因為這種看待世界的方式會讓人做出糟糕的決定，比起僅僅散播關於遙遠未來的空洞恐懼感更糟糕。

本書刻意不討論關於地緣政治的議題，例如丹麥因為風力能源的發展非常強勁，將在二〇五〇年之前將成為下一個世界巨頭；或是未來自動駕駛的飛行車，讓使用者每天通勤都能享受虛擬實境觀光——這種美好預測寫起來、讀起來都很有趣，其中有些也真的是未來的真實面貌，不過大部分的猜測都還是存在許多不確定性。

預測未來不應該摻雜那麼多的猜測。

想要彙整趨勢，就必須看見其他人沒看見的細節，同時也得發展出一套有好奇心且深思熟慮的心態，必須像以撒・艾西莫夫寫的一樣，不是會「速讀」，而是擁有「秒懂」的優勢。未來將掌握在洞見趨勢思考者手中，這些人會運用洞察力窺見各種產業、形形色色的想法及各式各樣的行為之間的連結，並對於逐漸加速的當下整理出更深刻的見解。

洞見思維能拯救我們免於八百多年後的小行星碰撞嗎？希望如此。但是以面對當下的眼光來看，善用這種思考模式能夠改變我們面對生活、經營企業的方式。要為未來做好準備，就從過濾各種雜訊、更深入了解當下開始。

# 謝辭

我從十年前開始寫作《洞見趨勢》系列叢書。自從發表第一版《洞見趨勢》後，這項長達十年的計畫從數萬名曾討論、挑戰、分享年度《洞見趨勢》並協助我們一年比一年進步的各方人士獲得更多靈感，所以想先感謝這群人。

除了所有讀者以外，每一版本的《洞見趨勢》都多虧有才華洋溢的專業團隊協助我整理堆積如山的文件、手寫筆記及便利貼，才能運用策展手法彙整出各位讀者手中的書本。

感謝我強大的編輯蓋諾維瓦，有你持續精進書中論點、提出缺漏之處，並細膩審視書中的每一處，才能讓本書更加完美。

感謝我龐大的編輯團隊——赫伯、克莉絲緹娜、葛瑞琴、泰瑞、凱、蜜雪兒、貝芙、派瑞許、伊萊莎及馬修，你們所組成的超強團隊不斷給我絕佳的建議，為每年版本的《洞見趨勢》帶來不可忽視的影響，感謝你們。

感謝法蘭克、安東、潔西卡、喬斯、毛琳、傑夫、凱莉，謝謝你們發揮專長為本書讓本書內外的視覺效果都如此美麗。

感謝瑪琳、克里斯及外文版權團隊，讓這本書得以走向世界，與更多新讀者見面。

感謝瑞妮及凱蒂幫助我在全世界 keynotes 簡報和工作坊的舞台上傳達洞見思維，沒有你們就沒有我今日的成果。

感謝維維卡、雨果及整個中國團隊，幫助我將所有洞見及洞見思維推廣到中國市場。

感謝瑪妮，讓這一切及許多 Ideapress 的計畫如常進行。

感謝我最好的夥伴里奇，在如此瘋狂的時限下完成所有目標。

感謝我太太查薇，即便我有時候必須消失幾天專心寫作，還在家裡各處散落各式各樣的筆記，藉以讓想法「視覺化」，因此造成妳的各種不便，但妳一路走來依然樂意支持我。做為我的人生伴侶，妳協助我讓各種論點更強勁、激勵我讓思維更廣泛，也讓這本書背後的十年歷程一天比一天更好。跟一個能夠啟發自己的人結婚，想像未來就變得更容易。

最後，感謝我的兒子羅罕和傑登，你們對世界永遠保持好奇，因此激勵我多觀察、少批判，並且總是用心傾聽。

我們要時時刻刻提醒自己多觀察、少批判、用心傾聽。

國家圖書館出版品預行編目（CIP）資料

洞見趨勢：察覺別人忽略的細節，搶得先機，贏向未來／羅希特・巴加瓦（Rohit Bhargava）作 ；孟令函譯 . -- 初版 . -- 臺北市 ： 遠流，2020.09

面； 公分

譯自：Non obvious megatrends : how to see what others miss and predict the future.

ISBN 978-957-32-8857-2（平裝）

1. 成功法

177.2 109011691

# 洞見趨勢
## 察覺別人忽略的細節，搶得先機，贏向未來

作　　者：羅希特・巴加瓦（Rohit Bhargava）
譯　　者：孟令函
總監暨總編輯：林馨琴
資深主編：林慈敏
執行編輯：楊伊琳
封面設計：陳文德
內頁排版：王信中
發行人：王榮文
出版發行：遠流出版事業股份有限公司
地址：100 台北市南昌路二段 81 號 6 樓
郵撥：0189456-1
電話：2392-6899　傳真：2392-6658
著作權顧問：蕭雄淋律師

2020 年 9 月 1 日　初版一刷
售價新臺幣 420 元
ISBN 978-957-32-8857-2


YLib.com 遠流博識網
http://www.ylib.com　E-mail:ylib@ylib.com